Cro&Co Architecture

La hauteur habitable
Tour Trinity, Paris La Défense

Living high
Trinity Tower, Paris La Défense

Textes Olivier Namias
Images Luc Boegly

PARK BOOKS   METROPOLIS

Prendre de la hauteur

Ariane Dienstag
Diplômée en architecture, docteur en histoire de l'art,
fondatrice du chapitre français du
Council on Tall Building and Urban Habitat (CTBUH)

Toucher le ciel.

Contemplons de très haut, en regardant vers le bas et non vers le haut, comme on le ferait pour voir une tour. Notre planisphère la nuit donne à voir une sorte de voie lactée, un maillage de points, plus ou moins denses, concentrés principalement sur le littoral des continents, formant des archipels d'étoiles qui se relient quelques fois par des axes lumineux. Très disséminés. 75% de la population occupent 2,64% de la surface du globe, avec une densité très faible : 58 habitants[1] au km[2]. Il y a de la place à ce jour, sans aucun doute.

Y a-t-il un réel besoin de construire en hauteur?

Sans corrélation démontrable entre densité et hauteur, comment justifier d'aller haut, dans un contexte où deux évolutions majeures s'imposent : l'une environnementale, vitale, qui nous a fait prendre conscience de la limite de notre planète, de l'épuisement des ressources et de l'impact de l'activité de l'homme ; l'autre digitale, qui va créer et crée déjà des nouveaux modes de faire, peut-être délocalisés, de nouvelles répartitions des fonctions et des temps d'usage, de nouveaux bâtiments et infrastructures, des équilibres démographiques sans précédent, dont les conséquences sont certainement difficilement anticipables. Dans ce contexte, trouver une hauteur habitable est un enjeu. Quelle image demain pour la surface de notre globe alors?

État des lieux de la « hauteur » en 2021

Qu'est-ce qu'une tour[2], ou autrement dit, un immeuble haut? En Chine, un standard de hauteur d'immeuble résidentiel monte jusqu'à 100 m. Il couvre le territoire sans prouesse si ce n'est, et ce n'est pas rien, offrir un toit aux gens. Un immeuble haut en Chine, c'est plutôt 300 m. Et aujourd'hui, cette hauteur commence à faire l'objet de critiques. En France, 50 m en résidentiel emporte l'appellation de tour ou IGH (Immeuble de Grande Hauteur). Et en immeuble de bureaux, c'est dès 28 m que l'appellation d'IGH s'applique sans pour autant parler de tour à cette hauteur. En France, une tour fait l'objet d'examens scrupuleux, comparée à d'autres typologies d'immeubles. C'est très souvent un délai de 10 ans pour qu'elle voit le jour, avec ce risque d'un programme obsolète à sa livraison. En tout et pour tout, il existe 1 478 gratte-ciel de plus de 200 m dans le monde avec une concentration en Asie[3]. Cela reste très marginal.

Alors, pourquoi monter?

Depuis la pyramide de Khéops en Égypte, qui monte déjà à 146 m vers 2650 avant J.C., en passant par les 75 maisons-tours de San Gimignano dès le XIIe siècle avec des hauteurs allant à 54 m, jusqu'à la cathédrale de Lincoln en Angleterre, en 1310 qui atteint 160 m, on s'élève. Symboles de la force des hommes mais aussi expressions de mythes, premières justifications de la hauteur, les édifices hauts auxquels des noms sont attachés, demeurent une illustration de puissance.
À Paris, la Tour Eiffel en 1889 (324 m), à Dubaï, la tour Burj Khalifa en 2008 (828 m) sont des signaux fédérateurs d'un territoire, avec pour objectif d'être des monuments. Repères, ils engendrent des développements qui s'organisent à leur pied. L'exploit constructif, l'innovation, sont une seconde justification de cette quête de la hauteur. Monaco, Hong Kong, avec leur faible assiette foncière,

Taking on height

Ariane Dienstag
Qualified architect, Doctor in Art History, founder of the French branch of the Council on Tall Building and Urban Habitat (CTBUH)

Reach for the sky.

Contemplated from way up high, looking down rather than up as you'd do to see a tower, our night-time planisphere shows a sort of Milky Way, a network of dots, more or less dense, mainly concentrated along the coastlines of continents, forming archipelagos of stars that are occasionally linked by luminous paths. Scattered wide. Some 75% of the population occupies 2.64% of the world's surface, with very low density: 58 inhabitants per square kilometre[1]. There is room, without any doubt.

Is there really a need to build high?

With no established correlation between density and height, how can building high be justified in a context where two major evolutions are prevalent: one environmental, essential, which makes us aware of the limits of our planet, the exhaustion of our resources and the impact of human activity; the other digital, which will bring about, already has brought about, new ways of doing things, possibly remotely, new distribution of functions and scheduling of usage time, new buildings and infrastructures, unprecedented demographic balance, the consequences of which are certainly difficult to foresee. In this context, discovering how to inhabit high above ground is a challenge. What will the surface of the globe look like tomorrow?

The situation in 2021 concerning 'height'

What is a tower, or in other words, a tall building?[2] In China, the standard height for a residential building is goes up to 100m. These cover the country with no particular attribute other than providing a roof over people's heads, which is not negligeable. A tall building in China is more in the region of 300m. Today, these heights are beginning to face criticism. In France, a 50m residential building is classified as a high-rise tower, an 'Immeuble de Grande Hauteur' (IGH). And for office buildings, this classification applies to buildings over 28m high, without yet talking about towers at this height. Towers in France are meticulously scrutinised by comparison with other typologies of building. It often takes 10 years for the building to see the light of day, with the risk of obsolescence on completion. In all, there are 1,478 skyscrapers over 200m high in the world, with a concentration in Asia.[3] They remain highly marginal.

So why go up?

Ever since Egypt's Great Pyramid of Giza, which even in 2650 B.C. already reached 146m, via the Italian tower-houses of San Gimignano with heights of up to 54m in the 12th century, and Lincoln Cathedral in England, which was built in 1310 and rises to 160m, we have long shown a propensity to rise upwards. Symbols of Man's power, but also expressions of myths, the first justifications of height, tall buildings that are given names, remain a show of power. The Eiffel Tower in Paris, 1889 (324m), the Burj Khalifa in Dubai, 2008 (828m), are unifying landmarks in a place, designed to be monuments. Reference points, they lead to other developments emerging around their feet. The constructive exploit, innovation, are a second justification for this quest for height. In order to be able to accommodate their populations within their limited space for real-estate, Monaco and Hong Kong achieve the required density by multiplying the surface area vertically. Rarity of space in certain places, a third justification, also leads upwards.
Furthermore today, this height now takes on a dimension of responsibility,

imposent pour accueillir leur population, la densification nécessaire par la démultiplication de la surface sur elle-même. La rareté de certains territoires, troisième justification, mène aussi à monter. Aujourd'hui, en outre, cette hauteur peut prendre une dimension vertueuse, «environnementale». Préserver les territoires, les sols naturels, limiter les transports, mixer les fonctions sur un même lieu répondent aux politiques urgentes de réduction de l'empreinte carbone. Il faut donc trouver l'équilibre entre la juste hauteur et l'utilisation des sols[4]. La « bonne hauteur » se justifie par son possible atout environnemental.

Vers une obligation?

Être capable de construire haut et vertueusement relève en fait peut-être d'un devoir, d'une obligation. Aurons-nous le choix de faire autrement? Savoir construire bien, durablement, vingt, cinquante, cent étages et plus, sera peut-être demain la seule solution qui s'offrira. Un demain proche? À l'horizon 2100[5]?

Redescendons localement

Aujourd'hui en France, le ciel est « gratouillé » (scraped) à 200 m avec beaucoup d'efforts et au delà, uniquement par deux tours : la tour First à La Défense (231 m) et la Tour Montparnasse à Paris (214 m), qui sont les deux ITGH de notre pays[6]. La catégorie des 50 m - 250 m se révèle être des plus intéressantes : elle invite à l'innovation et n'est pas autant contrainte que celle des méga-tours.

La Défense, la tour Trinity

La Défense est un morceau d'urbanisme des années 60. Urbanisme sur dalle, c'est un héritage lourd qui a placé Paris dans les villes-mondes sur le plan économique[7].

La Défense est l'objet aujourd'hui d'une profonde réflexion sur son devenir avec le contexte du réchauffement climatique. La démolition d'un tel quartier, qui a pu être envisagée, grèverait cette démarche d'un bilan carbone déplorable. Réservoir de bureaux pour Paris, innervée d'infrastructures de transports doux, La Défense est en pleine requalification, végétalisation, humanisation. Pour ses tours, il en est de même en identifiant quatre générations :
une 1re génération : La Défense des années 60 avec les tours d'origine « à l'américaine »[8];
une 2e génération : La Défense qui a pris conscience que la tour doit réduire son impact énergétique et dialoguer avec son environnement, vivre et respirer ;
une 3e génération : celle de la restructuration des tours existantes ;
une 4e génération de tours : celles qui cherchent à ne plus consommer de ressources, mais à en produire et contribuer ainsi au Green Deal qui se joue actuellement en Europe, en écho aux réglementations en place à Singapour et Taichung par exemple[9]. Des matériaux dépolluent, des murs végétaux évitent la climatisation[10], des éoliennes en façade produisent l'électricité, l'eau est recyclée. Le domaine du biomimétisme est exploré.

C'est dans ce contexte que Trinity s'élève.

140 m : ce n'est pas le fait d'un prince, ni un désir d'architecte. Outre ses échanges avec l'espace extérieur et ses ouvertures, Trinity a compris que les rapports public/privé ne pouvaient être que bénéfiques. Avec son «noyau» excentré qui dégage des plateaux flexibles, voire reconvertibles, la création de 1500 m² de terrasses plantées, Trinity respecte également les vues des bâtiments voisins, grâce à sa volumétrie sculptée pour se glisser dans son environnement. Mais l'innovation va plus loin : Trinity crée du sol, ressource vitale. Bâtie là où le foncier n'existait pas, elle s'implante sur

---

'environmental'. Preserving our regions, the land, limiting transport, mixing functions in one place, all reply to urgent policies for reducing carbon footprint. We must thereby find a balance between the right height and use of land.[4] The 'right height' is justified by its possible environmental advantages.

Moving towards an obligation?

Managing to build high and responsibly is perhaps a duty, an obligation. Will we have the choice to do otherwise? Knowing how to build well, sustainably, 20, 50, 100 storeys or more, will perhaps be the only option for the future. A short-term future? In around 2100?[5]

Stepping down locally

Today in France, the sky is 'scraped' at 200m by only two towers, and with a great deal of effort: the First Tower in La Défense (231m) and the Montparnasse Rower (214m) are the country's only two sky-scrapers.[6] The 50 to 250m height category proves more interesting, inviting innovation and less restrictive than the mega-towers.

La Défense, Trinity Tower

La Défense is a piece of 1960s urban development. The urban typology of building on an elevated slab is a weighty heritage that placed Paris as an economic contender among the global cities.[7] Today, the future of La Défense is the object of detailed reflection in the context of global warming. The demolition of a district like this, which has been considered, would be marred by an appalling carbon footprint. A reservoir of office space for Paris, serviced by environmentally friendly transport systems, La Défense is in the midst of being rethought, planted, humanised. The same applies to its towers, identifying four generations:
1st generation: La Défense of the 1960s with 'American' towers;[8]
2nd generation: La Défense had understood that towers needed to reduce their energy impact and to dialogue with their environment, to live and breathe;
3rd generation: that of redeveloping existing towers;
4th generation of towers: those that seek to stop consuming natural resources, but instead to produce them and thereby contribute to the Green Deal that is currently underway in Europe, reflecting regulations such as those in place in Singapore and Taichung.[9] Materials that depollute, green walls to avoid the need for air conditioning,[10] wind turbines on the facade to produce electricity, water is recycled. The field of bio-mimetics is explored.

It is in this context that Trinity rises.

140m: it is neither a princely sum, nor an architect's fantasy. Beyond its exchanges with the outside world and its windows, Trinity has understood that a public/ private relationship can only be beneficial. With its off-centre core that frees up flexible, indeed convertible floorplates, and the creation of 1500m² of planted terraces, Trinity also shows respect for the views from neighbouring buildings; thanks to its sculpted form it gently slots into its surroundings. But in terms of innovation, it goes further: Trinity creates land, a vital resource. Built where real-estate did not exist, it positions itself above a highway that was in no way destined to act as a real-estate site for a building project. Rather than consuming space, Trinity creates it. These characteristics define a typology that will become a reference and requirement for users. It is a tool that is possible for our landscape, for regional development, and not only in urban areas.

Designed by Cro&Co Architecture and its team, supported by a client – Unibail Rodamco Westfield – who knows how to push boundaries forward, Trinity opens the way to a sustainable optimistic verticality. In this way, it is remarkable.

une voie automobile qui n'était nullement destinée à servir d'assiette foncière à un projet immobilier. Au lieu de consommer de l'espace, elle en génère. Ces caractéristiques définissent une typologie d'ouvrages qui va devenir une référence et une exigence des utilisateurs. C'est un outil possible pour notre paysage, pour l'aménagement du territoire et pas uniquement limité à l'urbain. Conçue par Cro&Co Architecture et son équipe de maîtres d'œuvre, portée par un client, Unibail-Rodamco-Westfield, qui sait pousser les limites, Trinity ouvre la marche d'une verticalité optimiste qui serait durable. Elle en devient ainsi remarquable.

1. Selon les données de la Banque Mondiale en 2018.
2. Tour, immeuble de grande hauteur, skyscraper, gratte-ciel, IGH (Immeuble de Grande Hauteur), et plus haut, ITGH (Immeuble de Très Grande Hauteur), Tall, Supertall et Megatall buildings, highrises, le vocabulaire est vaste.
3. www.lemonde.fr/economie/article/2019/01/14/la-frenesie-de-gratte-ciel-ne-faiblit-pas-sur-la-planete_5408812_3234.html ; lire aussi : *Council on Tall Buildings and Urban Habitat journal : Advancing Sustainable Vertical Urbanism/2021/Issue I.*
4. Un bel exemple est celui de l'opération « Nouvel R » dans le quartier de Bruneseau à Paris. Une tour de 180 m de haut a émergé ainsi en tant que réponse à l'équilibre financier, en bois et béton décarboné en l'occurrence, et qui permet par la vente des mètres carrés de la tour, de s'offrir tout le vertueux de cette opération (chauffage biomasse, gestion de déchets, équipements sociaux, etc.) – Hardel Le Bihan Architectes, Youssef Tohme Architects Associates, Adjaye Associates, Buzzo Spinelli Architecture/AG Real Estate, Icade, Les nouveaux constructeurs, Nexity.
5. Une étude menée en 2019 par le Council on Tall Buildings and Urban Habitat CTBUH et le IIT (Illinois Institute of Technology) fait apparaître sur notre planète 224 aires urbaines (avec une population d'au moins 2 millions d'habitants) dont 45 sont des mégacités (10 millions d'habitants et plus). Les contraintes climatiques et sismiques pourraient mener à quelques 16 zones « viables » sur notre globe, ou employons le terme en anglais « sustainable », – soit littéralement « soutenable » : tolérable dans la durée pour y vivre – l'est de la Pennsylvanie et de la Virginie, le centre du Mexique, l'est de la Bolivie, le nord de l'Argentine, le sud-est du Brésil, l'Italie et quelques zones limitrophes, le sud-ouest de l'Espagne et du Portugal, une lanière au nord de l'Afrique au-dessus de l'Atlas, une poche dans le sud du Kenya, le sud de Madagascar, une zone rassemblant la Zambie, le Mozambique, le Zimbabwe et le Botswana, le nord-est de l'Afrique du Sud, une petite zone de centre Chine, le nord du Japon et le sud de la Corée, enfin, une surface réduite au sud-est de l'Australie.
6. En France, huit tours de plus de 200 m sont en études ou construction, dont quatre dans le Grand Paris : The Link, avec 244 m, futur siège de Total dessiné par PCA et attendu en 2025, la tour Hekla des Ateliers Jean Nouvel et les tours Sisters, de 2Portzamparc pour 2025 vraisemblablement. Les tours Hermitage Plaza avec 320 m finiront-elles par voir le jour ? Cent quatorze immeubles de grande hauteur de plus de 90 m de haut jalonnent l'Île-de-France : une concentration dans ce Grand Paris (www.sfp73.fr/4ighssiap1.html). Vingt-six tours de plus de 150 m s'implantent sur le territoire français. Soixante-cinq sont visibles dans la catégorie des 100 à 149 m de haut (source CTBUH).
7. Son total d'IGH amène la France à être le leader européen en la matière.
8. L'internationalisation des modèles, pour répondre à des standards et des labels, arrive trop souvent à générer des objets qui ne tiennent pas compte du contexte. Saint Petersburg ou Dubaï verront les mêmes émergences pousser, à peu de choses près, quand il fait régulièrement -30°C d'un côté et +40°C de l'autre…
9. Sky Green par Woha avec Feng Chia University, à Taichung dans le programme Breathing Architecture, est une illustration probante de cette nouvelle génération de tours : à Taichung donc, 27 nouvelles constructions vont s'aligner sur ce modèle qui a établi des critères de durabilité, de faible empreinte carbone et de smart city – www.e-architect.com/taiwan/sky-green-in-taichung-taiwan.
10. Tour Editt de Kean Yeang en projet à Singapour.

1. According to World Bank information in 2018
2. Tower, high-rise, skyscraper, tall, super-tall and mega-tall buildings, the vocabulary is vast.
3. www.lemonde.fr/economie/article/2019/01/14/la-frenesie-de-gratte-ciel-ne-faiblit-pas-sur-la-planete_5408812_3234.html; also *see Council on Tall Buildings and Urban Habitat trimestral journal: Advancing Sustainable Vertical Urbanism/2021/Issue I.*
4. A good example is the 'Nouvel R' development in the Bruneseau neighbourhood in eastern Paris. A tower of 180m has emerged to meet financial requirements, in timber and decarbonised concrete incidentally, which by selling its square metres can benefit from all the responsible options of the project (biomass heating, waste management, social amenities, etc.) – Hardel Le Bihan Architectes, Youssef Tohme Architects Associates, Adjaye Associates, Buzzo Spinelli Architecture/AG Real Estate, Icade, Les Nouveaux Constructeurs, Nexity.
5. A study undertaken in 2019 by the Council on Tall Buildings and Urban Habitat (CTBUH) and the Illinois Institute of Technology (IIT) revealed 224 urban zones on our planet (with populations of at least 2 million inhabitants), of which 45 are megacities (10 million inhabitants or more). Climatic and seismic restrictions could reduce these to about 16 'viable' regions around the globe, meaning tolerable to live there in the long term: in eastern Pennsylvania and Virginia, central Mexico, eastern Bolivia, northern Argentina, south-east Brazil, Italy and some surrounding areas, the south-west of Spain and Portugal, a strip in northern Africa above the Atlas mountains, a pocket in southern Kenya, the south of Madagascar, an area resembling Zambia, Mozambique, Zimbabwe and Botswana, north-eastern South Africa, a small area in the middle of China, the north of Japan and the south of Korea, and, finally, a limited area in south-eastern Australia.
6. In France, eight towers of over 200m are currently at design phase or under construction, of which four are in the Greater Paris area: the Link, 244m high, future headquarters for Total and due for completion in 2025; Atelier Jean Nouvel's Hekla tower and 2Portzamparc's Sisters towers, apparently for 2025. Will the 320m Hermitage Plaza towers ever see the light of day?
One hundred and fourteen high-rise buildings over 90m high are springing up around the Ile-de-France region, with a concentration within Greater Paris (http://www.sfp73.fr/4ighssiap1.html). There are 26 towers of over 150m planned in France, with 65 towers in the 100 to 149m high category (source: CTBUH).
7. The grand total puts France as the European leader in high-rise buildings.
8. The internationalisation of models in order to meet standards and certification requirements, all too often generate objects that bear no consideration for their context. Saint Petersburg or Dubai see the same types of building appearing, give or take, despite regular temperatures of -30° on one side and +40° on the other…
9. In Taichung, Sky Green by Woha with Feng Chia University, part of the Breathing Architecture programme, is a convincing illustration of the new generation of towers: 27 new constructions in Taichung will thereby adhere to this model, which has established criteria of durability, low carbon imprint, and smart city. www.e-architect.com/taiwan/sky-green-in-taichung-taiwan
10. Kean Yeang's Editt Tower under consideration in Singapore.

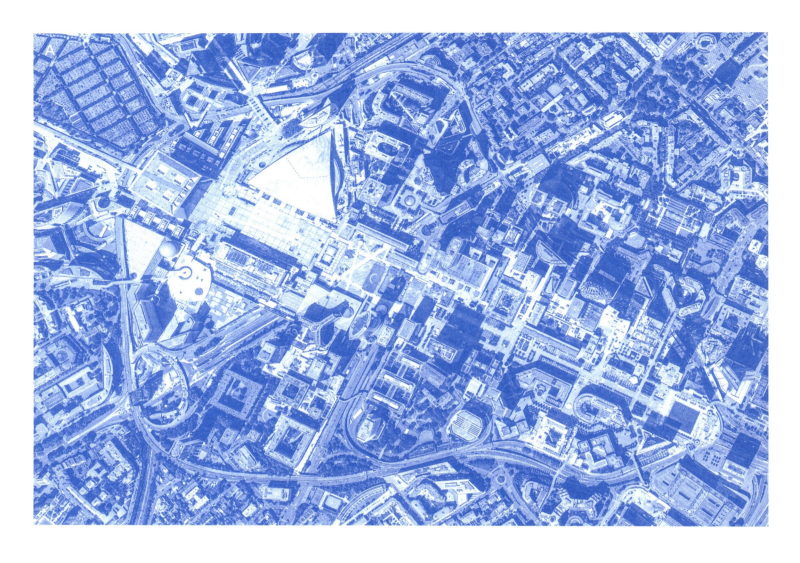

A Quartier de Paris La Défense.
   District of Paris La Défense.

La vue retrouvée

Olivier Namias
Architecte et journaliste

Emmenée par l'architecte Jean-Luc Crochon et son agence Cro&Co Architecture, l'équipe de Trinity a construit bien plus qu'un bâtiment : une vue, un rapport au monde, la possibilité d'une relation aux autres et à l'environnement.
Entropie. Forgé à partir de la racine grecque d'un mot signifiant transformation, le terme inventé en 1865 par le physicien Rudolf Clausius désigne le niveau de désordre d'un système physique. Sa fortune critique a dépassé le champ scientifique de la thermodynamique pour décrire la tendance des systèmes complexes à évoluer vers le chaos. Il y a une entropie de l'information, une entropie de l'économie, il pourrait y avoir une entropie urbaine dont La Défense fournirait une bonne illustration.
Le quartier est fondé en 1958, mais ses origines remontent au XVIIe siècle et sont aristocratiques. Le choix du château de Saint-Germain comme lieu de chasse par François Ier jette les prémices d'une voie royale entre le centre de Paris et l'ouest de l'Île-de-France. La légende dit qu'après avoir échappé de peu à la noyade lors du renversement du bac qui le ramenait de Saint-Germain, Henri IV ordonna la construction du pont de Neuilly, un premier ouvrage en bois et une première inscription sur le territoire d'un axe qui se constituera par morceaux, avec le tracé des Champs-Élysées, du jardin des Tuileries, etc. La voie royale deviendra impériale, puis triomphale. Sa prolongation au-delà des murs de la capitale va hanter l'architecture et l'urbanisme parisien pendant des décennies.
En 1931, la Ville de Paris lance un premier concours « pour l'aménagement de la voie allant de la place de l'Étoile au rond-point de La Défense ». Citybank imagine la même année la constitution d'un quartier d'affaires qui ne sera entériné que 27 ans plus tard par le Conseil de Paris. L'axe structure les plans d'urbanisme du nouveau quartier, organisé suivant les principes de composition défendus par l'École des beaux-arts. En 1956, une première esquisse du plan général est enfin diffusée, deux ans avant la création de l'Epad (Établissement public pour l'aménagement de La Défense). Le projet établi par Camelot, Zerhfuss et Demailly, concepteurs du Cnit, propose une « organisation souple » autour de l'axe historique, alternance de trois « ordres » hiérarchiques dominée par des tours de bureaux dont la hauteur est fixée à 25 étages sur une base de 24×42 m. Cet ordre majeur se complète d'un ordre moyen fait d'immeubles de logements à cours de 5 à 12 étages, nommé « Palais Royal » par les architectes et enfin d'un ordre bas dédié au commerce. Une tour hors norme de 200 mètres apportera un signal au quartier. Cette mise en musique savante du développement urbain va vite s'écarter de sa partition, passant du classique au free jazz.
La création d'une dalle fait disparaître la voie matérialisant l'axe historique. Le quartier se révèle sous-dimensionné par rapport à la demande. En 1964, les architectes actualisent leurs plans, proposant de dépasser la limite des 100 mètres qu'ils avaient précédemment fixée. Les tours dites de première génération comme Nobel ou Aurore sont construites. Le sol disparaissant sous la dalle, l'aménageur commence à commercialiser des volumes d'air plutôt que des surfaces de terrain. En 1969, l'Epad demande la révision du plan pour passer de 860 000 à 1,5 million de mètres carrés construits. Il faudra encore déplafonner pour sauver le quartier de la faillite. En 1985, la énième version du concours Tête Défense donne un signal à l'axe. La Grande Arche est inaugurée en 1989, simultanément au Cnit dans sa version remodelée, avec une surface augmentée de 150 000 m² par le promoteur Christian Pellerin. Les deux « monuments historiques » racontent deux destins du quartier : d'un côté, la continuité classique, de l'autre, la reconstruction de la ville sur la ville au travers d'innovations débridées.

View rediscovered

Olivier Namias
Architect and journalist

Lead by architect Jean-Luc Crochon and his practice Cro&Co Architecture, the Trinity team has constructed much more than just a building: a view, a link with the world, the possibility of a relationship with others and with the environment.

Entropy. From a Greek word for *transformation*, the term coined in 1865 by the physician Rudolf Clausius defines the level of disorder of a physical system. It was subsequently applied outside the scientific field of thermodynamics to describe the tendency of complex systems to evolve towards chaos. There is entropy of information, entropy of economics, there could be urban entropy – of which La Défense would provide a clear illustration.
The district was created in 1958, but its origins go back to the aristocracy of the 17th century. François 1st's choice of the Château de Saint Germain as a hunting ground was the first step on a royal route between the centre of Paris and this western area of the surrounding Île-de-France region. Legend has it that, barely escaping drowning after the ferry taking him back to Saint Germain capsized, Henri IV ordered the construction of the Neuilly Bridge, initially in wood and the first inscription on the landscape of the axis that would go on to be created section by section, with the addition of the Champs-Elysées, the Tuileries gardens, and so forth. The royal route became imperial, and then triumphant. Its extension beyond the walls of the capital would haunt Parisian architecture and urbanism for decades.
In 1931, the City of Paris launched an initial competition 'for the development of the route running from Place de l'Étoile to La Défense roundabout'. In the same year, Citybank imagined creating a new business district, which was eventually given the go-ahead some 27 years later by the Paris Council. The axis structured the urban layout of the new district, organised according to principles of composition advocated by the École des Beaux-Arts. In 1956, an initial sketch for the general plan was at last published, two years before the creation of the Établissement Public pour l'Aménagement de La Défense, Epad, a public authority to oversee development of the district. The project established by Camelot, Zerhfuss and Demailly, designers of the Cnit, proposed a 'flexible organisation' around the historic axis, alternating three hierarchical 'orders' dominated by office towers of a maximum height of 25 storeys, and with a footprint of 24m×42m. This order of large-size buildings is completed by a mid-size group of 5-to 12-storey courtyard housing buildings, dubbed the 'Palais Royal' by the architects, and a group of lower rise given over to retail. A single, exceptional tower would constitute a landmark for the district. This clever orchestration of urban development quickly broke away from its written score, shifting from classical to free jazz. The creation of an elevated slab forming an esplanade obliterated the route of the historic axis.
The district proved to be underdimensioned to meet demand. In 1964, the architects updated their plans, proposing rising beyond the 100m limit that they had previously defined. The so-called 'first-generation' towers, such as the Nobel or Aurore, were built. As the ground disappeared beneath the esplanade, the developer began to deal in volumes of air rather than areas of land. In 1969, the Epad requested the revision of the plan to increase from 860,000m² to 1.5 million m² of built area. It was again necessary to raise the height limits in order to save the district from bankruptcy. In 1985, yet another version of the 'Tête Défense'¹ competition provided a landmark to the axis. The Grande Arche was inaugurated in 1989, at the same time as the remodelled Cnit, with a surface area increased to 150,000m² by developer Christian

B Site autoroutier avant la construction de Trinity, entre la tour Areva à gauche et le Cnit à droite (2016).
Highway site before the construction of Trinity, between the Areva Tower on the left and the vault of the Cnit on the right (2016).

L'invention d'un terrain

En 2009, alors qu'ils terminent la rénovation du Cnit, Unibail et Jean-Luc Crochon commencent à envisager le pas suivant. Quelle sera la prochaine opération ? Pierre Parat suggère de détruire l'extension du Cnit qu'il a conçue en 1989 pour tout reconstruire hors de la coupole. Depuis le restaurant Pacific Pizza, les regards du promoteur et de Jean-Luc Crochon se portent sur un vide laissé par le passage de l'autoroute A14. Le non-lieu d'un futur projet ?

À l'époque, Unibail étudie la faisabilité de la tour Phare, projet de l'architecte Thom Mayne dont la base évidée se scinde en deux parties reconnectées par un pont pour enjamber la voie située sur le terrain. Architecte et maître d'ouvrage contactent sur le champ Jean-Marc Jaeger, de Setec TPI, également ingénieur de Phare, pour avoir une idée des capacités porteuses de cette non-parcelle. Le verdict tombe moins d'une semaine plus tard : la parcelle pourra porter une tour de vingt étages, appuyée sur quatre voiles béton le long de l'autoroute.

Les lois de la physique et de l'ingénierie attestaient de la possibilité d'un projet. Restaient à prouver les possibilités réglementaires, techniques, constructives et la rentabilité économique de la proposition. Rendre compatibles ces différents paramètres sera un travail itératif de cinq années menant à l'élaboration de la tour telle que le visiteur la découvre aujourd'hui.

Placement négocié

L'aménageur Paris La Défense, à l'époque encore nommé Epad, est la première institution à convaincre. Qu'un promoteur cherche à acheter ce qu'il ne pensait pas être un terrain et qu'il n'avait jamais inclus dans son bilan est un petit miracle. L'État est aussi impliqué dans le projet, qui doit se construire sur une voie étant dans son domaine inaliénable. La logique de l'aménagement voudrait que ce soit l'aménageur qui se charge de rendre constructible le terrain rattaché à des droits à construire. Devant la complication de faire intervenir deux maîtrises d'ouvrage sur un site, Unibail propose de prendre à sa charge la construction du bâtiment et la fabrication de la parcelle.

L'innovation juridique va précéder l'innovation technique. Le promoteur devient propriétaire d'un volume grevé de servitudes d'appui. Le schéma « imaginé par un notaire d'exception et un avocat d'exception », se rappelle-t-on chez Unibail, a été validé par le ministère des Finances. L'aménageur en a fait depuis un outil pour vendre des terrains situés partiellement au-dessus d'infrastructures comme au Carré Michelet, un autre projet de l'agence Cro&Co Architecture fondé sur un parking et un vestige de gare.

La transaction conclue entre le promoteur et l'aménageur prévoit un règlement mixte, en espèces et en espaces. Unibail s'engage à aménager 3 500 m² d'espaces publics en pied de tour, réglant ainsi les problèmes de continuité entre l'axe central et le quartier de la Coupole, alors reliés par une passerelle d'à peine cinq mètres de large. Aménageur et promoteur mettent en place un processus de concertation qui apparaît innovant à l'époque. Les discussions avec un comité de riverains font évoluer le projet. On retient le principe d'aménager sous l'un des escaliers urbains un espace public dont la fonction sera déterminée avec les riverains.

La concertation porte ses fruits : le permis déposé à Courbevoie et Puteaux – la limite communale coupe le site en deux – est obtenu sans recours. L'insertion urbaine résulte d'un dialogue constant entre architecte, promoteur et aménageur. Un processus gagnant-gagnant : amélioration de son espace pour ce dernier, valorisation d'un produit immobilier pour le second et meilleure intégration du bâtiment pour le premier.

Pellerin. The two 'historic monuments' tell different stories about the district: one, of classical continuity, the other, of the reconstruction of the city on the city by means of unbridled innovation.

The invention of a site

In 2009, as they were finishing the renovation of the Cnit, Unibail and Jean-Luc Crochon begin to think about the next step. What would be the next project? The architect Pierre Parat suggested demolishing the extension to the Cnit that he had designed in 1989, to rebuild outside the vaulted dome. From the Pacific Pizza restaurant, the eyes of the developer and of Jean-Luc Crochon drifted towards a void left by the passage of the A14 highway. A dismissed site for a future project? At that time, Unibail was looking at the feasibility of architect Thom Mayne's Phare Tower, whose emptied base was split into two parts and then reconnected by a bridge in order to span a road on the site. The architect and the client immediately got in touch with Jean-Marc Jaeger of Setec TPI, who was also the engineer on the Phare project, to get some idea of the loading capacity of this non-site. The verdict came less than a week later, the site could take a tower of 20 storeys, loaded on four concrete walls along the highway. The laws of physics and engineering confirmed the possibility of a project. It was just left to establish the regulatory, technical and constructive possibilities, and the economic viability of the proposal. Rendering these various parameters compatible would be an iterative task over the next five years, leading to the development of the tower that the visitor sees today.

A negotiated position

The development authority for La Défense, at that time still known as Epad, was the first institution that had to be won over. That a developer should want to purchase an area that he didn't consider to be a site, and that had never figured in his budget, was nothing short of a miracle. The State was also involved in the project, which had to be built over a roadway, inalienable in its domain. In usual development logic it would be the development authority who would render buildable the site on which permission is given to build. Faced with the complication of involving two clients on one site, Unibail proposed taking responsibility for constructing the building as well as creating the site. Legal innovation came before technical innovation. The developer became the owner of a volume with an authorised easement of support. "The proposal that had been conceived by an exceptional solicitor and an exceptional lawyer," the Unibail team remembers, was then validated by the Ministry of Finance. The development authority has subsequently used it as a tool for selling sites situated partially above infrastructures, as with the Carré Michelet, another Cro&Co Architecture project that sits above a car park and the remains of a station.

The legal transaction concluded between the development authority and the developer defined a mixed settlement, financial and spatial. Unibail undertook to develop 3500m² of public space around the foot of the tower, thereby resolving problems of continuity between the central axis and the Coupole neighbourhood, previously linked by a footbridge barely five metres wide. Development authority and developer implemented a process of public concertation, which appeared innovative at the time. The project evolved through discussion with a residents' committee. The principle was retained to develop, beneath one of the urban stairways, a public space whose specific use would be decided with the local residents.

The concertation process bore its fruit: the planning application submitted to the authorities of Courbevoie and Puteaux (the site straddles the limit between the two) was awarded

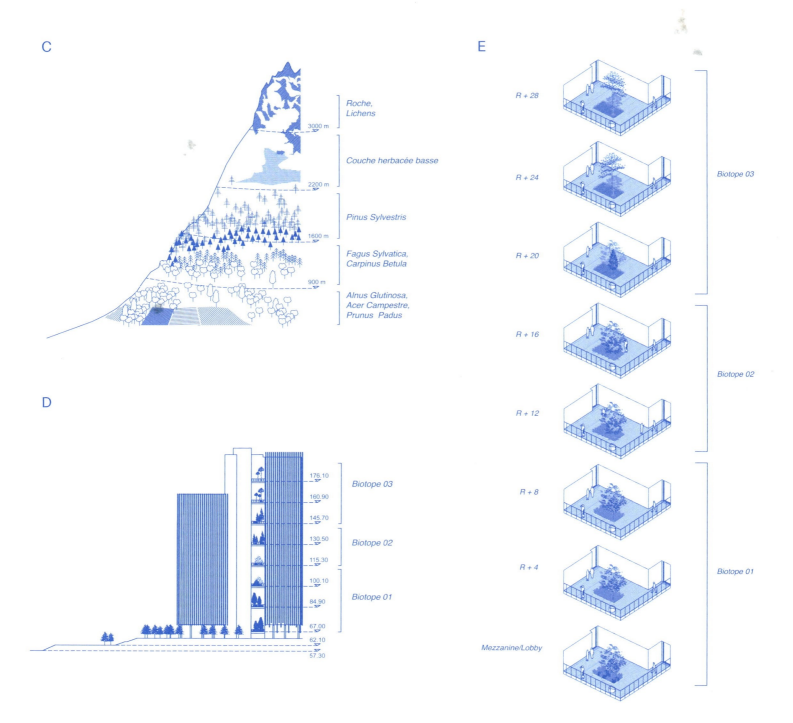

C Stratification de la végétation par altitude, en montagne.
   Stratification of vegetation by altitude, mountainside.
D Stratification de la végétation par altitude, sur Trinity.
   Stratification of vegetation by altitude, Trinity.
E Détail de la végétation des terrasses.
   Detail of the terrace planting.

La montagne de cristal

En 2014, l'aménageur présente Bas Smets à l'architecte et au promoteur. À l'époque, le paysagiste belge est chargé d'une mission de réflexion sur l'avenir des espaces publics de La Défense Est. Bas Smets intègre l'équipe de maîtrise d'œuvre pour la conception des aménagements extérieurs, avec sa lecture particulière de la situation du projet et de son contexte. « La question qui m'intéressait était la suivante : quel paysage amener à ce lieu qui n'existait pas, sur ce sol artificiel, sans terre, sans eau, dans un environnement rendu hostile par le vent, les reflets, le passage de la foule…? Dans mon travail, je cherche souvent le pendant naturel de la situation dans laquelle je me trouve. J'en suis arrivé à assimiler le quartier de La Défense à une sorte de glacier, les escaliers et les passerelles évoquant des couloirs d'avalanche. Pouvait-on finalement envisager La Défense comme un paysage naturel fait par l'homme, et nous intéresser à la *tree line*, en montagne la limite au-delà de laquelle les conditions environnementales rendent impossible la pousse des arbres? ». Cette limite est décrite pour différentes latitudes depuis le milieu du XIXe siècle.

Le cahier des charges établi par l'aménageur demandait la mise en place de neuf arbres au minimum, une cinquantaine sera finalement plantée autour de Trinity sur 3500 m². Des aulnes, principalement, capables de supporter les sels utilisés pour le déneigement hivernal. Le schéma de plantation ne suit pas une composition spatiale, mais tente de reproduire les logiques opportunistes de la nature. « Un arbre ne pousserait pas dans un fleuve. De la même manière qu'il ne pousserait pas dans une voie pompier », relate Smets. « Les arbres sont plantés là où la structure permet de déposer un substrat de terre, là où ils n'entravent pas la circulation… On sent une logique, mais pas une grille », détaille le paysagiste. Les plantations surgissent de réserves de 50 cm de profondeur laissées dans un sol en granit de Lanhélin. Les contraintes de circulation de véhicules de maintenance demandent une forte épaisseur de dalle, justifiant la mise en place d'un matériau massif, donnant une sensation de robustesse et que l'on retrouve sur les garde-corps et les emmarchements.

Fixer la hauteur

Au début des études, la hauteur de la tour reste une hypothèse de travail et une inconnue majeure dans l'équation du projet. Faut-il d'ailleurs faire un IGH? Les contraintes de sécurité incendie attachées à ce type de bâtiment incitent d'abord à faire un immeuble plus bas, dit « code du travail ». Une option plus banale, mais plus sûre et plus facile à réaliser dans le contexte d'un immeuble sans terrain. « Mon rôle d'ingénieur est de descendre les charges, explique Jean-Marc Jaeger. Or, Trinity est un peu comme un arbre qui n'aurait pas de base. La première question était le nombre d'étages réalisables, que nous avons d'abord arrêté à vingt niveaux. Le bâtiment livré en comporte trente-trois ! ».

Une étude minutieuse de la construction de la tour et l'allégement de la structure, obtenu par le passage à une structure mixte acier béton plutôt que tout béton, ont permis d'alléger l'ouvrage, autorisant la construction de niveaux supplémentaires. « La répartition des charges de Trinity se décompose de la manière suivante : 50 000 tonnes pour la tour, 20 000 pour le socle, et 20 000 tonnes de charges d'exploitation. Un total de 90 000 tonnes équivalant au poids de neuf Tour Eiffel, calcule Jaeger. Il faut répartir ces charges au moyen de ce que j'ai appelé le « bac à glaçons », un ouvrage fait de voiles béton croisés, jusqu'à obtenir une capacité de fondation de 300 tonnes au mètre linéaire, et cela a été notre difficulté principale ».

Le projet est fondé sur 900 micropieux de 20 centimètres de diamètre supportant chacun 100 tonnes,

---

without appeals. The urban insertion is the result of constant dialogue between architect, developer and development authority. A win–win process: enhancement of space for the latter, a real-estate development for the second, and the best possible integration of the building for the first.

The crystal mountain

In 2014, the development authority introduced Bas Smets to the architect and the developer. At that time, the Belgian landscape architect was leading a think-tank on the future of the public spaces of La Défense East. Bas Smets joined the design team to compose the external developments, with his own individual reading of the project's position and context. "The question that interested me was the following: what landscape should be brought to this inexistant site, on artificial land, without soil, without water, in an environment made inhospitable by wind, glare, the crowds passing through. In my work, I often look for the natural counterpart for the situation in which I find myself. I ended up assimilating La Défense to a kind of glacier, the stairways and footbridges evoking the 'corridors' down which avalanches flow. Was it in fact possible to see La Défense as a natural landscape made by man, and to think about the tree line, the point in mountainous regions at which environmental conditions make it impossible for trees to grow?" This limit has been defined for different latitudes since the middle of the 19th century. The brief established by the development authority stipulated planting a minimum of nine trees, and in fact about 50 have been planted over 3500m² around Trinity. Alder principally, which can survive the salts used to clear snow. The planting scheme doesn't follow a spatial composition, but attempts to reproduce nature's opportunistic logic. "A tree won't grow in a river. Just as it won't grow on a fire access road. The trees are planted where the structure made it possible to put in enough earth, and where they won't get in the way of circulation. You can see a logic, but not a grid." The trees are planted in 50cm deep containers within a ground plane of Lanhélin granite. Requirements for the circulation of maintenance vehicles demand a thick slab, justifying the use of a solid material, which gives the feeling of sturdiness found in the steps and balustrades.

Setting the height

At the start of design, the height of the tower remained a working hypothesis and a major unknown quantity in the equation of the project. Should it even be a tower? Fire safety restrictions for this type of building inclined towards making a lower building regulated by codes for non-high-rise workspace. An option that is more mundane but a safer bet and easier to realise in the context of a building with no land. "My role as an engineer is to bring down the loads," explained Jean-Marc Jaeger. "But Trinity is a bit like a tree without a base. The first question was how many storeys could be made, which we initially capped at 20. The completed building has 33!" A detailed study of the construction of the tower and reduction of structure, obtained by switching to a combined steel–concrete structure rather than just concrete, made it possible to lighten the building, allowing for the construction of extra levels. "The distribution of loads in Trinity is organised like this: 50,000 tonnes for the tower, 20,000 for the base, and 20,000 tonnes for use. A total of 90,000 tonnes, the equivalent of nine Eiffel Towers," Jaeger calculates. "You have to spread those loads in what I call an 'ice-cube tray', a structure made of intercepting concrete walls, until you have a foundation capacity of 300 tonnes per linear metre, and this was our main difficulty." The project's foundations are 900 micropiles, each 20cm in diameter and carrying 100 tonnes, taking four concrete walls, 200m long. These new loads must not disrupt the neighbouring constructions or

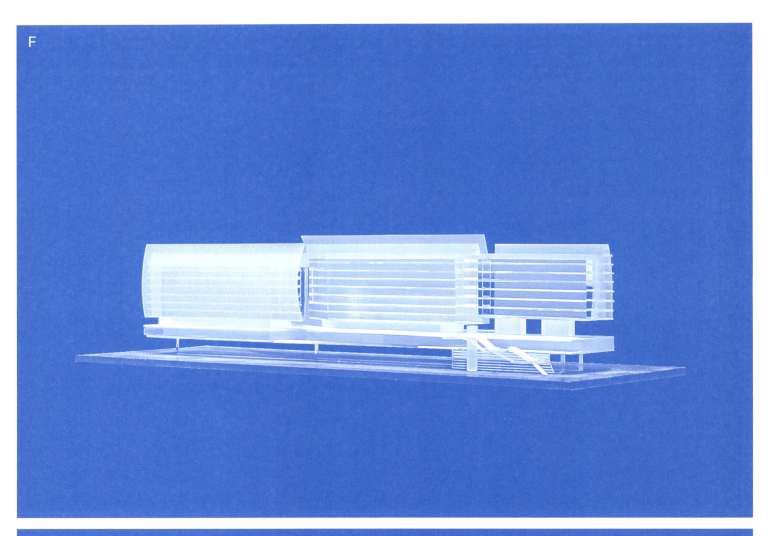

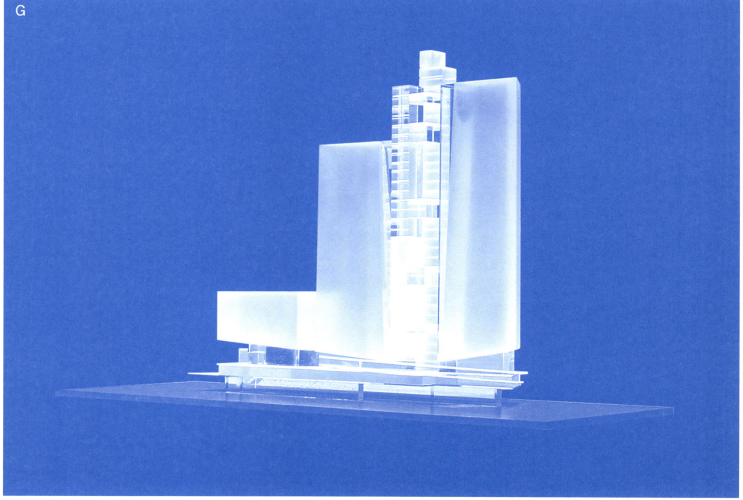

F Étude de la volumétrie de Trinity en « code du travail », maquette.
   Massing study for Trinity as a low-rise office building, model.
G Étude de la volumétrie de Trinity en IGH, maquette.
   Massing study for Trinity as a highrise office building, model.

reprenant quatre voiles béton longs de 200 mètres. Ces nouvelles charges ne doivent pas perturber les avoisinants, ni déséquilibrer les tours environnantes. « Cela peut paraître paradoxal, mais il faut savoir que dans une tour, nous nous battons avec les centimètres, voire les millimètres. Quand le vent exerce une poussée de 100 kg par mètre carré de façade, les déplacements horizontaux au sommet de la tour ne doivent pas dépasser les 28 centimètres ». C'est encore au niveau du fameux « bac à glaçons » que se joue la rigidité du tout. Des voiles verticaux greffés sur la partie ouest de l'ouvrage limitent les déplacements horizontaux en deçà des normes acceptables.

L'absence de sol et de sous-sol remet en cause tous les schémas d'organisation traditionnellement appliqués au bâtiment. Pour loger les locaux techniques, il a fallu créer un ouvrage entre l'autoroute et le Cnit, rappelle Laurent Bernard, du bureau d'études fluides Barbanel, d'autant qu'il fallait aussi dégager la toiture.

Modeler la masse

Trinity fait partie de ces édifices où la définition du projet compte autant que le projet lui-même. Avant de devenir une question technique, la hauteur est l'aboutissement d'une suite de réflexions logiques. L'immeuble bas classé en « code du travail » génère aussi son lot de contraintes. Il doit s'intégrer dans le quartier, et même avec une peau transparente, il constitue une coupure. Troquant la hauteur contre la longueur, il forme une barre difficile à intégrer dans l'environnement dense de La Défense. « Nous avons progressivement compacté la volumétrie pour nous éloigner des logements voisins, jusqu'à finalement dépasser la limite de hauteur réglementaire du "code du travail", et passer dans la catégorie IGH, explique Jean-Luc Crochon, architecte du projet ».

Les hypothèses d'implantation évoluent, le volume constructible est d'abord réparti dans un bâtiment haut et un bâtiment bas, avant que les équilibres entre urbanisme, marché locatif et possibilité technique arrêtent la hauteur de la tour à 33 niveaux dans une seule unité fonctionnelle. Une limite de taille opportune pour l'architecte : « Trinity peut passer pour une tourette par rapport à ses voisines. Mais il y a un avantage à rester dans la catégorie de moins de 200 mètres, car au-delà de cette limite les tours dépendent plus de problématiques d'ingénierie que d'architecture ».

Le maître d'ouvrage fait confiance à l'agence, bien qu'elle n'ait aucun IGH dans son portfolio. Cro&Co Architecture aborde le projet sans réflexes conditionnés, et voit dans le contexte l'opportunité de proposer une typologie de noyaux décentrés observée sur des tours londoniennes. « Le site nous a contraints à placer des plateaux courants de 1500 m² sur une largeur de 31 mètres déterminée par l'emprise des voies. Ce qui nous a aidés à sortir du modèle de plateau traditionnel ». Le dossier prêt à être soumis aux entreprises va rester un moment à l'état de construction potentielle. « Le destin des projets de tours à La Défense comporte toujours une part d'incertitude. Le marché peut changer, les priorités de la maîtrise d'ouvrage également, de même que nos interlocuteurs… » Pour préserver ses intentions de départ malgré ces changements, l'architecte se doit de faire des choses auxquelles il croit profondément, et savoir partager ses valeurs avec son client. « Un bon projet, c'est un concept fort et de beaux détails », rappelle Crochon. Fin 2015, après une période de pause, l'ordre de service est signé. La construction de la tour va commencer.

Chantier sous contrainte

En architecture, le dessin n'est qu'un préalable à la construction, une sorte de livret d'instruction que

---

cause imbalance in the surrounding towers. "It may seem paradoxical, but you must understand that in building a tower, we wrangle with every last centimetre, millimetre even. When the wind loads are 100kg per square metre of facade, the horizontal movement at the top of the tower mustn't exceed 28 centimetres." It is again in the celebrated 'ice-cube tray' that overall rigidity is found. Vertical walls grafted onto the western part of the structure restrict horizontal movement beyond acceptable limits. "The absence of a ground plane and a basement calls into question the usual organisational arrangement for a building. To house the services, we had to make a structure between the motorway and the Cnit, as well as clearing the roof," remembers Laurent Bernard of MEP consultants Barbanel.

Sculpting the form

Trinity is one of those buildings where the definition of the project is as important as the project itself. Before being considered as a technical question, the height is the outcome of a series of logical considerations. The low, 'workspace' building also generated its own set of restrictions. It needed to fit into the neighbourhood, and even with a transparent skin, constituted a rift. Trading height for length, it formed a block difficult to integrate into the dense fabric of La Défense. "We progressively compacted massing to distance ourselves from neighbouring residences, until we eventually went above the 'workspace' regulatory height and moved into the high-rise category," explains the project's architect, Jean-Luc Crochon. The hypotheses for the implantation of the building evolved, the buildable volume was initially distributed in a high building and a low building, before an equilibrium between urbanism, rental market and technical possibilities was found, which finalised the height of the tower at 33 storeys within a single functional unit. A height limit that was opportune for the architect, "Trinity can be seen as a little tower in comparison to its neighbours. But there is an advantage to staying below 200m, the limit above which these towers become more about engineering than architecture. The client had confidence in the practice, despite having no experience of high-rise buildings. Cro&Co Architecture approached the project with no preconditioned ideas, recognising in the context the opportunity to suggest a typology of decentralised cores seen in towers in London. "The site obliged us to place standard 1500m² floorplates within a depth of 31 metres, due to the position of the highway. This helped us in getting away from the traditional floorplate model." The tender documents, ready to be submitted to the contractors, stagnated for a while under the status of a potential construction project. "The destiny of tower projects in La Défense always carries a degree of uncertainty. The market evolves, as do the priorities of the clients, as for our stakeholders. In order to preserve the initial intentions despite these evolutions, the architect must believe in the project they have proposed, and must be able to share these values with the client. A good project consists of a strong idea with beautiful detailing," reminds Crochon. At the end of 2015, after a period of stand-by, the contract was signed. Construction was to begin.

A site with restrictions

In architecture, the design is simply a prerequisite to construction, a sort of set of instructions that the contractor undertakes to execute. Vinci, one of France's three large contractors, won the project and split it between two sub-divisions. More orientated to constructing public works and bridges, Vinci built the base. Once the platform was built, Bateg, more specialised in buildings, was mandated to build the superstructure. The particular characteristic of Trinity is, let us remember, that

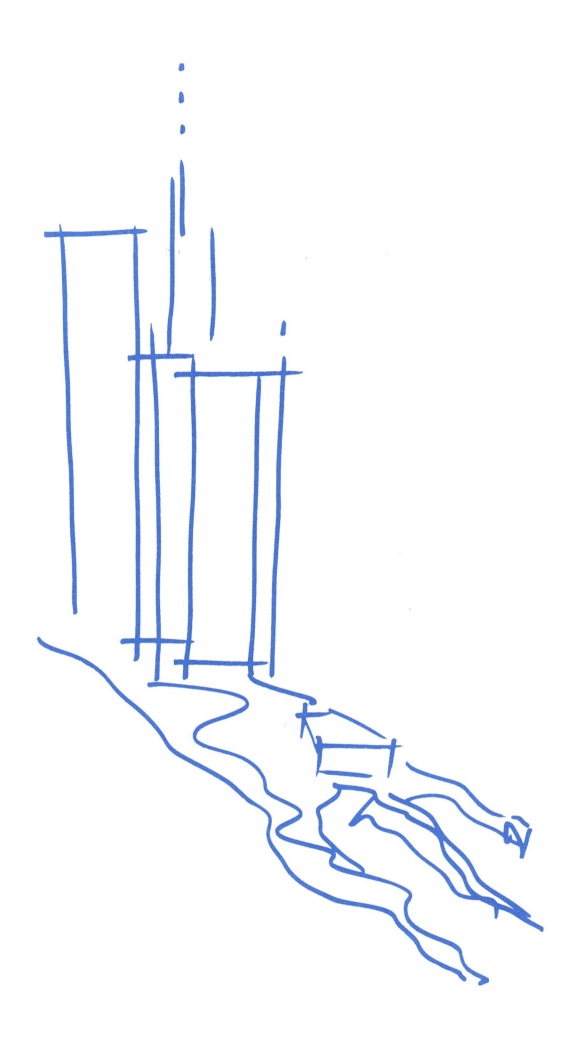

H Croquis de Jean-Luc Crochon.
Sketch by Jean-Luc Crochon.

l'entreprise se charge de mettre en œuvre. L'appel d'offres est remporté par l'entreprise Vinci, une des trois majors françaises qui répartit le chantier entre deux filiales. Plus orienté travaux publics et ouvrage d'art, Vinci va réaliser le socle. Une fois la plateforme construite, la société Bateg, plus spécialisée dans le bâtiment, sera chargée de réaliser la superstructure. La caractéristique propre à Trinity est, rappelons-le, d'être construite sur un tunnel dont le toit sert de plancher à la tour, une première pour un IGH à La Défense. Phare, mentionnée précédemment, superpose infrastructure et superstructure sans les fusionner. Pour avoir un socle, Trinity crée un tunnel sur un ouvrage routier placé sous la supervision de l'État. Le projet doit être suivi par un IGOA (Inspecteur général des ouvrages d'art), et réclame un permis spécial. Il est soumis aux normes de sécurité incendie prévalant depuis l'accident du Mont Blanc en 1999, sa structure doit donc pouvoir résister quatre heures à la combustion d'un camion-citerne. « Dès les études, avant même d'avoir un ordre de service, nous avons anticipé ces problématiques et nous avons décidé de confier à notre laboratoire béton le développement d'une formulation spécifique que nous avons brevetée », explique Cécile de Bayser, responsable du chantier à partir de fin 2015, dès la phase superstructure.

L'organisation du chantier constitue un exploit en soi, qui s'efface avec l'avancée des travaux. L'entreprise doit d'abord construire une base vie susceptible d'accueillir les 700 personnes travaillant sur le site. Les premiers travaux s'effectuent le long d'une autoroute qu'il n'est pas possible d'arrêter, excepté pendant les trois semaines de démolition de la passerelle existante. L'approvisionnement en matériaux est complexe. « Nous avions mis en place un pont roulant accessible par une voie de 100 mètres gagnée sur l'emprise de parking. Toutes les entreprises devaient utiliser ce couloir de livraison, ce qui imposait des conditionnements par palettes déchargeables rapidement. Certains corps de métier ont pu trouver cela inhabituel, relate Cécile de Bayser ».

L'entreprise pensait travailler avec deux grues. Les contraintes de vent ne permettront d'en poser qu'une. « Nous nous sommes aperçus que la voûte du Cnit générait des effets au vent particuliers. Lors des études, nous avons également réalisé que le comportement des façades allait changer au cours du chantier, quand nous arriverions vers le quinzième étage ». Des essais en soufflerie ont mis en évidence un effet couloir sur la superstructure avant la pose des façades. Tout au long des travaux, l'entreprise a gardé un œil attentif sur les riverains. « Nous savons qu'un problème de voisinage ou de sécurité peut mettre un chantier en échec. Quand nous devions intervenir au-dessus de la crèche située à l'aplomb du chantier, nous prévenions le personnel, nous ne travaillions pas pendant les récréations, etc. ». Le déploiement d'une information permanente auprès des riverains et des automobilistes lors des modifications de zones d'emprise était un autre aspect du chantier qui a duré de 2015 à 2020.

Anticiper l'obsolescence

La livraison du bâtiment a été ralentie par la crise sanitaire du Covid, portant la durée du projet de 9 à 10 ans. Une décennie au cours de laquelle le contexte au sens large, les environs, mais aussi la réglementation, la société évoluent. « Pour nous le problème de la tour est toujours le même, rappelle Antoine Maufay, du BET Arcora, partenaire de l'architecte pour les études de façade. Comment faire pour que le bâtiment ne soit pas obsolète le jour de sa livraison, près de 10 ans après les premières études ? ».

Sur le plan de la réglementation thermique, par exemple, Trinity a été conçue suivant les règles fixées par la RT 2005, et s'est ouverte quand la RT 2012 était en vigueur. « Avec le client et l'architecte, nous avons essayé d'anticiper les évolutions réglementaires, explique Maufay,

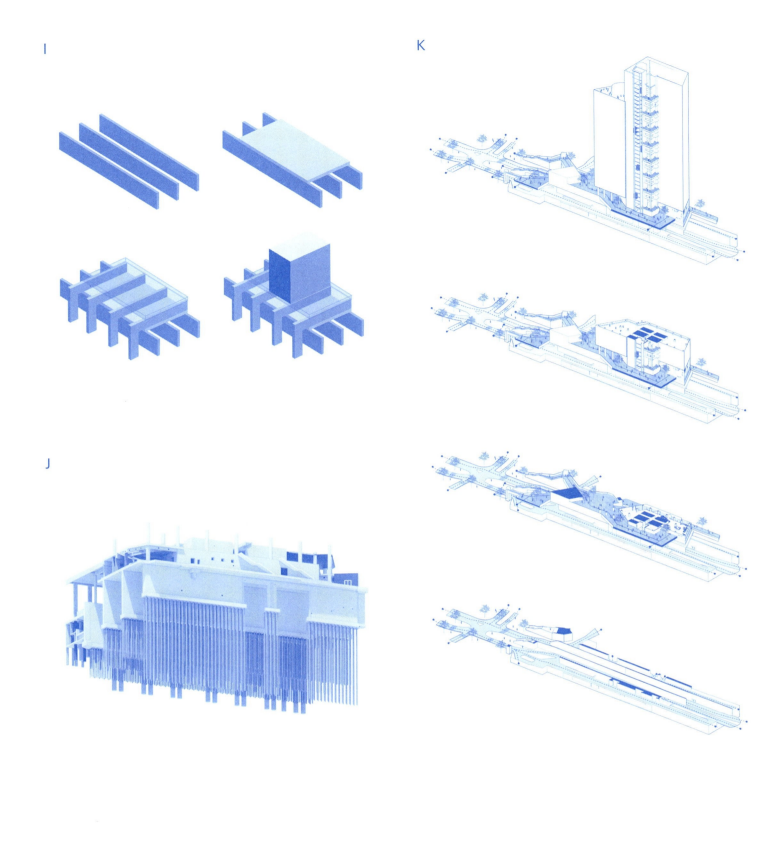

I Schéma de la structure « bac à glaçons ».
   Structural diagram for the 'ice-cube tray'.
J Système de fondation avec les micropieux.
   Foundations system with micropiles.
K Système de construction au-dessus de la route.
   Construction system over the highway.

en installant des ouvrants de ventilation naturelle alors que la réglementation ne l'exigeait pas à l'époque. » Unibail voulait pousser un pas plus loin les systèmes d'ouvrants sur les tours, qu'il avait déjà testés sur la tour Majunga. Sur Trinity, leur forme a évolué en une fine lame verticale (pantographe) manipulable de l'intérieur grâce à une poignée, plus ergonomique qu'une béquille de fenêtre.

Après les évolutions techniques, le maître d'ouvrage doit anticiper l'évolution des usages et proposer des locaux qui n'apparaissent pas démodés à leur livraison. « Nous faisons partie de ces rares développeurs/investisseurs qui conservent la propriété des bâtiments qu'ils construisent pour louer, souligne Vincent Jean-Pierre, directeur général du pôle bureau et projets mixtes chez Unibail Rodamco Westfield, responsable du suivi du projet Trinity. Nous essayons d'imaginer les ambiances les plus agréables, nous prenons dès le départ les options les plus avancées, même si elles paraissent coûter plus qu'une solution standard ». Si possible, les contraintes sont tournées à l'avantage de l'usager. Pour obtenir une efficience énergétique optimale, le système de ventilation est installé dans des unités décentralisées à chaque étage. Ce mode de répartition décentralisé laisse à l'utilisateur le contrôle de la ventilation de ses locaux et facilite la maintenance. Les machines peuvent être aisément réparées voire remplacées par des appareils plus performants dans les décennies à venir.

« La question que nous nous posons à chaque nouveau projet est la suivante : que faut-il faire pour donner envie de venir travailler dans les locaux que nous construisons ? Sur Trinity, la réponse tient pour nous beaucoup au plaisir d'avoir des espaces de 280 cm de hauteur sous plafond, d'avoir des plateaux baignés de lumière naturelle et des espaces extérieurs accessibles à tous les étages. Nous voulions également un lieu chaleureux, avec des matériaux comme le bois, et nous avons réussi à en installer dans cet IGH malgré les contraintes incendies que cela implique, poursuit Jean-Pierre.

L'idée était d'offrir dans un même endroit le confort de la maison, l'énergie du travail et de proposer les services d'un grand hôtel, une restauration variée, une conciergerie, des cafés et des coworking. »

Dispensée parcimonieusement dans bien des tours, la vue fabrique le lien. Elle réunit les utilisateurs sur les terrasses, les balcons ou dans les espaces partagés. Elle crée des lieux de sociabilité prolongés dans les circulations verticales ou horizontales, traitées comme des lieux de rencontres plus que des lieux de passage.

Dix ans de réflexion

Les études architecturales débutées en 2010 n'ont pas cessé avec l'ouverture du chantier. Une équipe* détachée par l'agence pour suivre les travaux a continué à faire évoluer le projet tout au long de la construction de la tour, de 2015 à 2020. « Ce qui nous a portés pendant ces cinq années de chantier, c'est que nous avions un maître d'ouvrage très exigeant, détaille Federica Bestonso. J'ai le sentiment que nous n'avons jamais arrêté de faire de la conception, y compris pendant le chantier. Nous avons fait évoluer l'architecture intérieure en tenant compte des marchés signés, et ces modifications nous poussaient à aller toujours plus loin dans la définition du projet ». La conception en deux phases – socle puis bâtiment – augmentait d'autant les périodes de réflexion. David Lefrant détaille l'apport de ces prolongations : « Les études se sont donc poursuivies durant la phase chantier. À la demande du client, nous sommes revenus sur les espaces partagés, comme la salle de fitness. Lorsqu'après deux années consacrées à la réalisation du socle, la construction de la tour à proprement parler a commencé, nous avions établi avec l'entreprise un esprit de collaboration perceptible dans la qualité de la réalisation. Maya Merad d'Artelia, chargée des lots architecturaux pour la maîtrise

developers/ investors that retain ownership of the buildings that they build for rental," points out Vincent Jean-Pierre, Director General of the department of offices and mixed-use for Unibail Rodamco Westfield, responsible for overseeing the Trinity project. "We try to imagine the most agreeable environments, right from the start we select the most progressive options, even if they seem to cost more than a standard solution. Wherever possible, constraints are turned to the users' advantage. For optimum energy efficiency, the ventilation system is installed in decentralized units on each level. This system of decentralized distribution leaves users to manage the ventilation of their own spaces and facilitates maintenance. The machines can easily be repaired or replaced by more efficient equipment in the future. The question that we ask for each new project is the following: what must be done to make people want to come to work in the premises that we are building? On Trinity, the response for us lies largely in the pleasure of spaces with high, 2.8m, ceilings, floors that are bathed in natural light, and external spaces accessible from each floor. We also wanted a place that was welcoming, with materials such as wood, which we managed to use in this high-rise building despite the fire restrictions that it implies. The idea was to provide in one building the comfort of home, the stimulation of work, and the services of a large hotel, with varied restaurant possibilities, a conciergerie, cafés and coworking spaces." Bestowed sparingly in many towers, sight creates links. It unites users on the terraces, balconies or in the shared spaces. It creates social areas extended into the vertical and horizontal circulation areas, designed more as meeting places than transitional spaces.

Ten years of reflection

The architectural designs begun in 2010 didn't stop when the project went on site. A team* liberated from the practice to oversee works continued to develop the project throughout construction of the tower, from 2015 to 2020. "What kept us going for those five years on site, was that we had an extremely exacting client," explained Federica Bestonso. "I feel as though we never stopped designing, including during site. We advanced the interior architecture in light of signed contracts, and these modifications pushed us to go continually further in defining the project." The design in two phases – podium and then building – increased the periods of reflection in equal measure. David Lefrant explained the benefits of these extensions: "So design continued during site phase. At the client's request, we revisited the communal spaces, such as the gym. By the time the construction of the actual tower began, following two years spent on building the base, we had established a collaborative spirit with the contractor that can be seen in the quality of the realisation. Maya Merad of Artelia, responsible for the architectural packages for the site architect, gave us a huge amount of support." The client maintained exacting standards throughout.

"The Trinity project remains a major team effort," ascertained Francesca Benente. "The client, who has a lot of experience in the area of high-rise and offices, encouraged us to go beyond things we already knew how to do. We carried out a lot of research into materials to obtain an agreeable tower core, by means, for example, of timber coverings, door finishes, and other elements that break with the usual ways of doing towers today."

Always very complicated, minimalism becomes extremely complex in high-rise buildings. David Durassier remembered that "… the hall ceilings were treated with a projected, mono-acoustic insulation that is impossible to retouch after installation. As we wanted to limit the number of service traps in the ceiling, we spent nine months coordinating packages in order to remove some of these elements and align those that remained." Simplification, reduction,

L Études de la volumétrie de Trinity en tour, maquettes.
Massing studies for Trinity as a tower, models.

d'œuvre d'exécution, nous a beaucoup soutenus ». La maîtrise d'ouvrage a constamment maintenu un très haut niveau d'exigence. « Le projet Trinity reste un grand travail d'équipe, témoigne Francesca Benente. Le maître d'ouvrage, qui avait une très grande expérience dans le domaine des IGH et du bureau, nous a incités à ne pas nous reposer sur les choses que l'on savait faire. Nous avons fait beaucoup de recherches de matériaux pour obtenir un noyau de tour agréable, à travers, par exemple des revêtements en bois, les finitions de portes, et autres éléments rompant avec les codes en vigueur dans les tours contemporaines ». Toujours très compliqué, le minimalisme devient extrêmement complexe dans le cadre d'un IGH, « les plafonds du hall reçoivent un isolant monoacoustique projeté, impossible à reprendre après sa mise en œuvre, se rappelle Daniel Durassier. Comme nous voulions limiter les trappes dans le plafond, nous avons fait un travail de synthèse de neuf mois pour en supprimer certaines et aligner les autres ». La simplification, la réduction, la suppression, un travail sur l'espace par définition invisible, que l'on ne ressent que par l'absence.

* Francesca Benente, Federica Bestonso, Daniel Durassier, David Lefrant.

Un modèle pour demain

Si pointus et complexes que soient les savoir-faire techniques nécessaires à l'édification de Trinity, ils seraient imparfaits et vite obsolètes s'ils n'étaient qu'au service d'eux-mêmes. La Défense ne manque pas de tours saluées en leur temps comme des exploits techniques, apparaissant aujourd'hui en contradiction avec les attentes des usagers et les conceptions sociétales. Les tours fermées sur elles-mêmes, fonctionnant en autarcie dans une atmosphère régulée et des vues réduites, sont unanimement condamnées.

Rejeter un modèle ne suffit pas à créer son alternative, qui reste une création pure, inédite au sens premier du terme. Ayant pour finalité la reconnexion au monde, à travers la vue, plutôt que la technique, Trinity apparaît comme un nouveau type de tour changeant non seulement les conceptions des IGH de bureaux, mais la façon d'habiter la hauteur, faisant de la tour bien plus qu'une machine à rentabiliser le foncier. Rendre la vue à la tour, ce qui est le but implicite de Trinity, est bien plus qu'une coquetterie. C'est rendre à l'usager le moyen de se situer dans le monde, de comprendre son environnement, de lui ouvrir, au sens propre, de nouveaux horizons. Construire une diversité de lieux autour de ces vues, c'est offrir à l'usager le moyen d'habiter la hauteur et de vivre une expérience quotidienne inépuisable, et multiplier les occasions de socialiser en plein ciel. Et à l'heure où les entreprises se demandent comment convaincre leurs employés de revenir au bureau, quel meilleur argument que de leur proposer de vivre en hauteur ? Trinity n'est pas une tour de bureaux. C'est un observatoire depuis lequel contempler le Grand Paris. C'est le musée de La Défense encadrant la Grande Arche à chaque palier, un monument maquillé en immeuble de bureaux. C'est un jardin vertical égrenant les parterres plantés et les grottes au grès des étages, c'est l'immeuble d'habitation moderne avec sa villa au 25e étage. C'est bien plus qu'une nouvelle tour dans le quartier de La Défense, une réconciliation avec la hauteur et la modernité humanisée. Ouverte à son environnement, Trinity pose les prémices d'un nouvel ordre urbanistique basé sur les interrelations visuelles, régulant l'entropie et le chaos produit par des objets aveugles.

removal, work on space that is invisible by definition, that one is only made aware of by absence.

* Francesca Benente, Federica Bestonso, Daniel Durassier, David Lefrant

A model for the future

As specialised and complex as the necessary technical skills to build Trinity may be, they would be imperfect and rapidly obsolete if they replied only to their own requirements. La Défense is not short of towers that were heralded in their day as technical exploits, but today appear incompatible with the expectations of their users and public conception. Towers that are closed in on themselves, autarkic within a regulated atmosphere with limited views, are unanimously condemned.
Simply rejecting a model is not enough to create its alternative, which remains an entirely new creation, hitherto unseen. With the objective of reconnecting with the world, via sightlines rather than technology, Trinity appears like a new kind of tower, changing not only conceptions of high-rise buildings for offices, but also the way in which we inhabit height, turning the tower into something more than a machine ensuring real-estate profit margins. Giving views back to the tower, which is Trinity's implicit aim, is much more than a fancy. It is to give back to the users the means of recognising their place in the world, of understanding their environment, literally of opening new horizons.
Constructing a mixture of places around these views, offers users the means of inhabiting the height and ensures the quality of their daily experience, multiplying occasions to socialise up in the sky. And at a time when companies are wondering how to convince their employees to return to the office, what better argument than to offer them living up high? Trinity is not an office tower. It is an observatory from which Greater Paris can be contemplated. It is the museum of La Défense, framing the Grande Arche on each landing, a monument dressed as an office building. It is a vertical garden, sowing planted borders and enticing grottoes up through the floors; it is the modern apartment building, with its villa on the 25th floor. It is much more than a new tower in La Défense, a reconciliation between height and humanised modernity. Open to its environment, Trinity sets down the premise for a new urban order based on visual interrelations, regulating the entropy and chaos produced by blind objects.

1. From the 1960s, the successive presidents of France, Georges Pompidou and Valéry Giscard d'Estaing, already had the ambition of building a monumental piece of architecture on the prestigious Parisian axis: Louvre – Obelisk – Arc de Triomphe. In the end it was under the term of François Mitterrand (1981–1995) that the project took form, bearing the name of 'Tête Défense'. In 1982, an international architectural competition was launched, particularly insisting on the notion of 'axis' in Parisian urbanism, as well as on the grandiose and historic nature of the project and, in the distance, the silhouette of a 'gateway' marking the entrance into the third millennium.

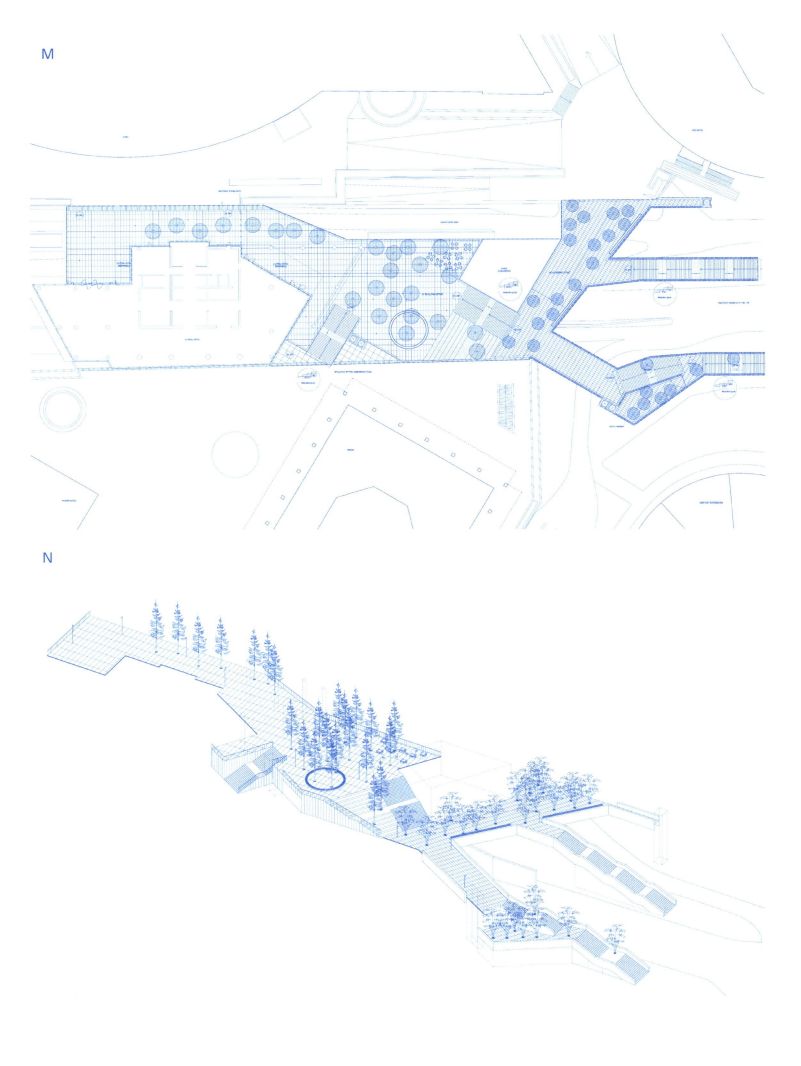

M Emprise au sol totale du projet, comprenant la tour, le restaurant public, et les 3500 m² d'espace public paysager.
   The project's total footprint, including tower, public restaurant and 3500m² of public landscaping.
N Détail des liaisons urbaines et étude paysagère.
   Detail of the urban links and landscaping study.

O

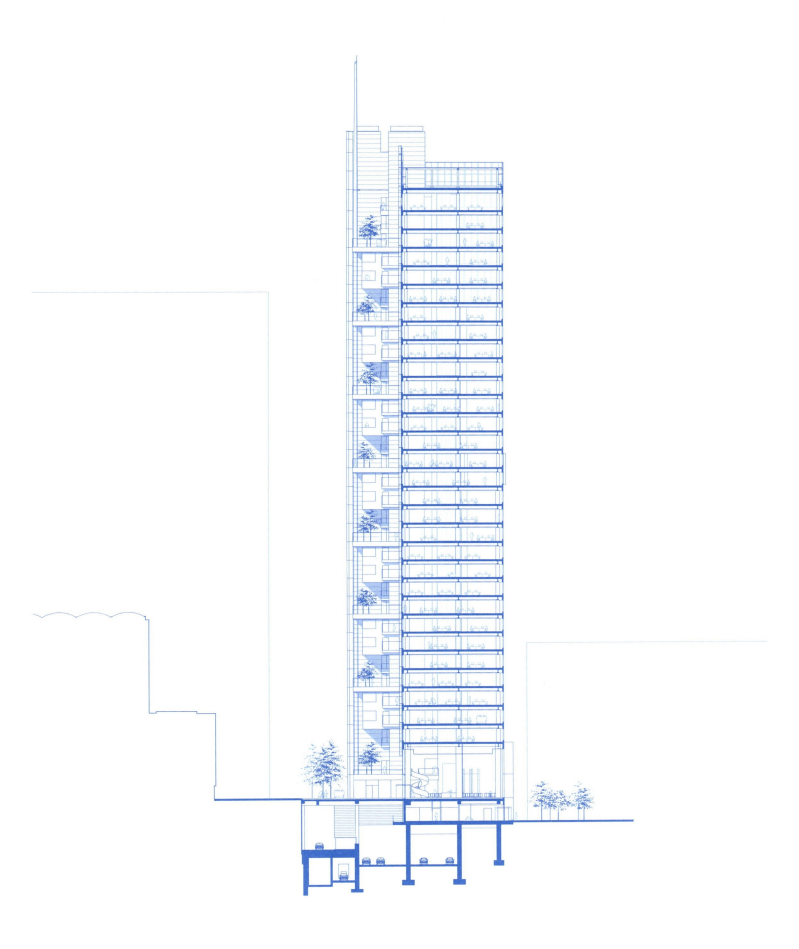

O Coupe transversale de Trinity (Est-Ouest).
   Cross-section of Trinity (East-West).

25

P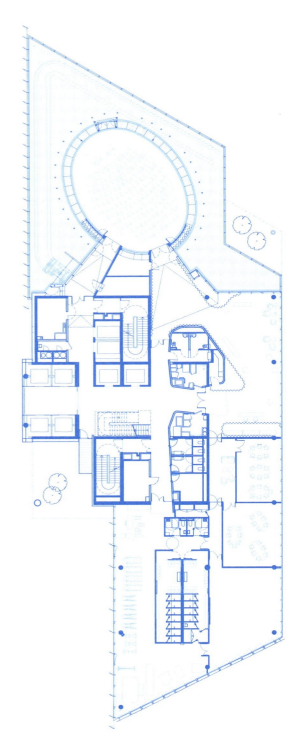

Q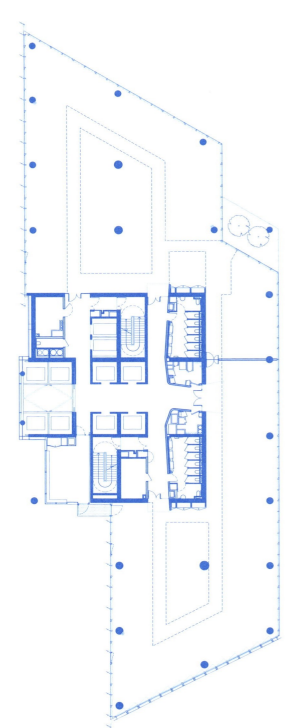

P   Plan du 25ᵉ étage, avec ses espaces partagés (rooftop, business center, auditorium, fitness).
    Plan of the 25th floor with shared areas (rooftop, business centre, auditorium, fitness centre).
Q   Plan d'étage courant.
    Standard floor plan.
R   Plan du hall, au rez-de-chaussée, niveau parvis de La Défense.
    Plan of the hall, ground-floor, at the level of the La Défense esplanade.
S   Plan du hall, au rez-de-chaussée, niveau parvis Coupole.
    Plan of the hall, ground-floor, at the level of the Coupole esplanade.

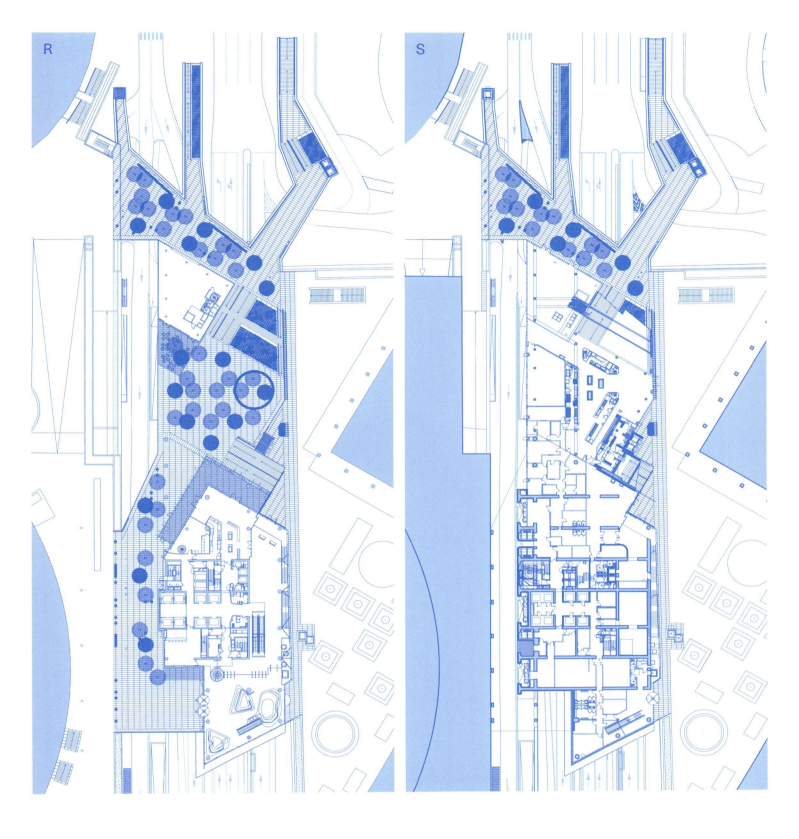

Terraforma

Des sommets aux tréfonds

Quelle que soit sa taille, un bâtiment ne reste d'aplomb que s'il parvient à transmettre ses charges à un sol suffisamment résistant. La géologie intervient pour dicter ses contraintes au projet. À La Défense, un lit de calcaire épais d'une douzaine de mètres a soutenu l'essor de l'urbanisme vertical dans le quartier d'affaires de l'Ouest parisien. Agissant comme un radier à l'échelle du territoire, ce socle de pierre sédimentaire garantit une assise fiable aux tours de La Défense. Sur Trinity, le schéma canonique de ce que l'on appelle dans le jargon des ingénieurs la « descente des charges » était interrompu par l'autoroute A14, une voie d'importance nationale qu'il était impossible de fermer pendant le temps des travaux. Les 90 000 tonnes de la tour devaient porter sur un creux, à l'image des séquoias américains dont la base évidée est traversable, comme le Pioneer Cabin Tree du parc de Calaveras (États-Unis).

La pépinière métallique

La construction de Trinity commence par celle de son terrain, une plateforme épaisse de six mètres servant à la fois de sol au bâtiment et de tunnel à l'autoroute. Un cas unique, à La Défense, d'IGH fondé sur un ouvrage d'art. La transmission des charges s'effectue par le biais de quatre voiles de béton de 200 mètres linéaires chacun. Une forêt invisible d'un millier de micropieux métalliques de 20 centimètres de diamètre porte ces parois. Chaque micropieu s'appuie en partie sur le sol calcaire, et travaille aussi par frottement tout le long de sa paroi. Soutenue par ces centaines d'aiguilles, Trinity, flotte sur les sous-sols de la métropole parisienne.

Tapis de granit

Appelé « bac à glaçons » par les ingénieurs ou « moule à gaufres » par les architectes, du fait des alvéoles dessinées par le croisement perpendiculaire de ses voiles béton, le socle trace l'emprise de la tour, la base suffisante pour assurer la vie de bureau. Le projet ne pouvait se satisfaire de cette exigence minimale. À l'image du Seagram building, il devait se prolonger dans l'espace public, à créer intégralement au-dessus des voies de l'autoroute. Perché sur une faille, Trinity se trouve à la conjonction d'une véritable tectonique des plaques urbaines. La dalle du quartier de la Coupole vient en subduction sous la dalle du Cnit, laissant revoir le sol naturel

Terraforming

From the summit down into the depths

Whatever its height, a building only stays upright if it manages to transfer its loads into ground that is sufficiently resistant. Geology intervenes to dictate its own constraints for a project. In La Défense, a dense limestone bed some 12 metres thick has shored up the boom in vertical urban development in this business district to the west of Paris. Acting as raft foundation for the whole area, this podium of sedimentary rock guarantees a viable base to the towers of La Défense. With Trinity, the standard diagram of what in engineering jargon is called the 'loads takedown' was interrupted by the A14 highway, a route of national importance that was impossible to close during works. The tower's 90,000 tonnes had to sit over a cavity, like the vast North American sequoias such as the Pioneer Cabin Tree of Calafornia's Calaveras Big Tree State Park, whose hollowed-out base can be driven through.

The metal forest

Trinity's construction began by that of its site, a six-metre-thick platform that acts as both building floor and highway tunnel. A unique case, in La Défense, of a high-rise building constructed on a bridge structure. The loads are transferred by means of four concrete walls, each 200m long. An invisible forest of nearly a thousand steel micropiles, each 20cm in diameter, supports these walls. Each micropile partially sits on the limestone ground and works also in friction along the length of its casing. Held up by these hundreds of needles, Trinity floats over the Parisian underground.

A granite carpet

Described as an 'ice-cube tray' by the engineers, or a 'waffle mould' by the architects, because of the little compartments formed by the perpendicular criss-cross of its concrete walls, the podium is the tower's footprint, a base sufficient to guarantee the life of the office. The project could not content itself with this minimum requirement. Like the Seagram Building, it needed to extend out into public space, which had to be created from scratch above the highway. Perched over a rift, Trinity sits at the convergence of several urban tectonic plates. The slab of the Coupole neighbourhood slips beneath that of the Cnit in a movement of subduction, that reveals the natural soil to the north of the site. Within this context, the development follows a logic of terraforming, a term defining the

au nord du site. Dans ce contexte, l'aménagement suit une logique de terraforma, terme désignant dans l'univers spatial la fabrication d'un environnement habitable. Rattrapant cassure et saut de niveau, l'espace public de Trinity devient cet élément topographique reconnectant les lieux : les quartiers d'habitation accèdent facilement à la dalle, celui de la Coupole atteint plus facilement les transports en commun. Trinity canalise les flux à travers une plateforme organique et technologique, intégrant des ascenseurs, des terrasses et des emmarchements offrant autant de nouveaux points de vue piétons sur la ville. Ses dalles de granit grises et denses simulent la sensation de marcher sur un sol plein, impression faussement confirmée par la présence de nombreux arbres. Des bancs invitent à s'arrêter dans ce jardin surgi de façon presque intempestive. Le visiteur assis à l'ombre des aulnes se doutera-t-il qu'il se tient sur le toit d'un immeuble, et même, au-dessus d'une autoroute ?

creation in the universe of a habitable environment. Compensating for a rift and a missed level, Trinity's public space becomes this topographic element that reconnects places: the residential neighbourhoods have easy access to the esplanade, access from the Coupole neighbourhood to public transport is improved. Trinity channels people flow across an organic and technological platform, incorporating lifts, terraces and steps, providing a host of new pedestrian viewpoints over the city. These slabs of grey, dense granite simulate the sensation of walking on solid ground, an impression falsely reinforced by the presence of numerous trees. Benches invite a pause in this garden that has erupted almost uninvited. Sitting in the shade of the alders, the visitor is unlikely to consider that he is in fact on the roof of a building, let alone above a highway.

Du théâtre au belvédère

Panoptique, salle de théâtre, timonerie : le hall de Trinity évoque le poste de commande d'un navire cinglant à travers les récifs miroitants des tours de La Défense. Accessible de plain-pied depuis le parvis de La Défense à l'ouest, le hall surplombe le vide de l'autoroute de près de 10 mètres. Depuis sa position surélevée, il donne l'impression de flotter au-dessus de la banquise des dalles de La Défense. Un renversement s'opère : les murs transparents mettent la ville en vitrine et changent l'espace urbain en scène de théâtre. Le hall devient une salle avec son parterre et son balcon, les couloirs et les paliers, ses promenoirs, son extension vers le quartier de la Coupole, son foyer, le restaurant d'entreprise, son bar. Les parois blanches et lumineuses encadrent un paysage aux tons bleus et ocres, une vallée sombre côté est, un quartier de la Coupole encaissé entre de grandes tours historiques (Total, Framatome, Mazars) jetant au fil des heures des éclats lumineux stridents.

Pour les usagers de Trinity, c'est la place du village, un premier lieu de rencontre incontournable. La technique se fait oublier dans cet espace situé à la croisée des réseaux irriguant l'infrastructure et la superstructure. Les trappes et les accès techniques sont réduits au minimum. Le faux plafond couvert d'enduit projeté produit une surface lumineuse et continue. Un ensemble de trois sculptures en aluminium et tout en courbe se déploie sur 43 mètres dans la zone publique du hall. À la fois banc, table, banque d'accueil, cette œuvre d'art utile a été réalisée en aluminium – matériau idéal, car incombustible – par une entreprise spécialisée dans la construction navale, à partir de modélisations paramétriques dessinées par Cro&Co Architecture.

Une œuvre d'art cinétique de l'artiste vénézuélien Cruz-Diez domine le hall de sa présence. Unique note de couleur dans cet espace blanc, elle change de teinte suivant le déplacement du visiteur. Ses lamelles colorées rappellent les lames de verre transparentes de la façade ouest.

Une folie sur le toit

Les usagers de Trinity soupçonneront-ils l'avantage de ne pas avoir de sous-sol ? Les espaces habituellement relégués dans les tréfonds des tours remontent vers la lumière naturelle. Les restaurants sont au rez-de-chaussée, les salles de sport, incontournables dans les programmes tertiaires haut de gamme, sont installées au 25e étage, occupé par des parties communes à tous les usagers du lieu. Posée sur la toiture-terrasse du 24e niveau, la salle polyvalente ellipsoïdale est un des lieux majeurs de Trinity. C'est un édicule en soi, une folie construite sur la tour, possédant sa structure

From theatre to belvedere

Panopticon, theatre, ship's bridge: the entrance hall of Trinity has something of the command post of a ship sailing between the glinting reefs of the towers of La Défense. Situated on the level of the 'esplanade' slab that structures the district, the hall looks over the void of the highway just 10 metres below. From its raised position, it gives the impression of floating above the iceberg formed by the slabs of La Défense. An inversion occurs: the transparent walls place the city in a showcase and transform the urban space into a stage. The hall becomes a theatre with stalls and balcony, while the corridors and landings are its galleries, its extension towards the Coupole district is the foyer, and the company restaurant is the theatre bar. The white, luminous walls frame a landscape in tones of blue and ocre, a shady valley to the east, the Coupole district is boxed in between large older towers (Total, Framatome, Mazars), which, as the day moves on, throw out dazzling reflections of light.

For Trinity's users, this is the village square, an indispensable initial meeting place. Technicity is forgotten in this space at the meeting point of networks that serve infrastructure and superstructure. Service traps and technical access points are kept to a minimum. The suspended ceiling coated in projected plaster gives a continuous luminous surface. Three curving aluminium sculptures stretch out over 43 metres of the hall's public area. Simultaneously fulfilling the roles of bench, table and reception desk, this work of art was made in aluminium – an ideal material as it is not combustible – by a manufacturer specialized in boat building, from a parametric model drawn by Cro&Co Architecture. The presence of a dynamic work from Venezuelan artist Cruz-Diez dominates the hall. The single note of colour in this white space, it changes in tone as the visitor moves. Its coloured slats echo the transparent glass blades of the west facade.

A folly on the roof

Will Trinity's users even realise what they have gained by not having a basement? The spaces usually relegated to the depths of towers come back up into the light. Restaurants are on the ground floor and the sports facilities – a must in high-end office projects – are installed on the 25th floor, which is entirely given over to the communal spaces open to all users of the tower. Positioned on the roof-terrace of the 24th floor, this ellipsoidal multifunctional room is one of Trinity's key spaces. It forms a pinnacle in its own right, a folly built on top of the tower, with its own structure. Walls and

propre. Mur et plafond sont quasiment indépendants. La forme géométrique de l'ellipse confère une rigidité quasi naturelle à la paroi de verre, dont les éléments sont pincés en partie haute et basse sur le sol et le plafond. Le plafond-toiture est constitué d'un ouvrage métallique familièrement appelé « la raquette », fixé au noyau et sur quatre poteaux, dont deux, placés vers l'extrémité de l'ouvrage, sont pratiquement imperceptibles.

Utilisée comme auditorium ou comme lieu de réception, la salle évoque le salon d'une grande villa moderniste. Intérieur et extérieur sont en continuité totale à travers une double peau équipée de voiles et de rideaux occultants. La technique est subordonnée à l'usage : pas question que les rails de la nacelle imposent leur présence sur toute la terrasse. Même s'ils doivent supporter une charge de vingt tonnes, ils sont encastrés dans l'épaisseur du sol et s'alignent sur le deck en bois de la terrasse. Les garde-corps transparents s'effacent pour laisser la place à l'horizon. Qui voudra fermer les rideaux de ce belvédère, ouvert sur le nord de l'Île-de-France, la Grande Arche et des quartiers oubliés de La Défense ?

ceiling are virtually independent. The geometric form of the ellipse gives an almost natural rigidity to the glass wall, whose panels are clamped at the top to the ceiling level and at the bottom to the floor. The ceiling–roof is comprised of a metal structure commonly known as 'the racket', fixed to the core and onto four posts, of which two, positioned towards the extremity of the structure, are virtually imperceptible.

Used as an auditorium or reception space, the room is reminiscent of the reception room of a large modernist villa. Interior and exterior merge in complete continuity through a double-skin facade equipped with blinds and black-out curtains. Technology is subordinate to usage: there is no question of the rails of the cleaning platform imposing their presence on the terrace. Even though they need to take loads of up to 20 tonnes, they are incorporated in the thickness of the ground and align with the terrace's timber decking. The transparent balustrades fade out to leave way for the horizon. Who would want to close the curtains of this belvedere, open to the northern areas of Île-de-France, the Grande Arche, and the forgotten neighbourhoods of La Défense?

Hauts plateaux

La structure transparente

L'exploit de Trinity, ce n'est pas seulement de faire tenir plus de trente étages sur du vide. C'est aussi de rendre la structure transparente pour laisser passer la lumière et la vue. La tour classique s'emprisonne dans son schéma structurel : un noyau central en béton vers lequel convergent les éléments porteurs en béton. Autour du noyau, les plateaux rattachés comme une gangue, les usagers projetés du cœur obscur de la tour vers les façades en périphérie dans un mouvement centrifuge. La mono-orientation des espaces ne cesse que ponctuellement aux angles du bâtiment. Est-ce un problème ? Les plateaux mono-orientés ne voient qu'une partie du monde, et ne connaissent la lumière qu'à un moment du jour. Même si la vue en vaut la peine, c'est une réduction de l'expérience du monde.
Profitant de la configuration étroite du terrain, Jean-Luc Crochon a sorti le noyau de sa position centrale, l'exposant à la lumière naturelle. Des poteaux alignés sur une trame de dix mètres portent les plateaux, qui redeviennent traversants sur trois côtés. Suivant les heures et la météo, les façades miroitantes des tours voisines reflètent leur lumière sur tout un étage, donnant l'impression que le soleil brille depuis plusieurs directions simultanément. La structure ne vient pas s'exhiber sur les plateaux paysagers. Déconnectés des noyaux, les plateaux sont plus sujets aux torsions générées par les poussées du vent. Ils retrouvent de la rigidité grâce aux planchers collaborants, système préféré aux poutres diagonales se répercutant sur le dessin des façades et la volumétrie globale. Les planchers collaborants sont solidarisés aux solives métalliques par des connecteurs acier. L'emploi du métal a fait baisser le poids de la tour et permis d'augmenter la hauteur sous plafond dans les étages.

Habitabilité

Le décentrement du noyau rend les étages traversants sur les deux tiers de leur surface, sans céder sur les exigences de flexibilité des programmes tertiaires. Chaque plateau peut se recouper pour accueillir des entreprises différentes ou des services séparés. Il est également tramé suivant les normes en vigueur : 135 cm en façade courante (est et ouest) ; 150 et 157 cm sur les façades en biais (nord et sud). Le plan d'aménagement prévoit de positionner les bureaux en façade à proximité d'une zone centrale affectée aux salles de réunions et aux espaces communs.
Chaque niveau dispose d'un accès à l'extérieur en fonction de l'étage et de l'orientation. À l'ouest, on retrouve tous les quatre niveaux une grande

The high plateaux

The transparent structure

Trinity's main achievement is not in holding up more than 30 storeys over a void. It is in making the structure transparent to allow for light and views. The classic tower imprisons itself in its structural diagram: a central concrete core, towards which converge structural elements in concrete. Around the core, floorplates are attached like the worthless deposits around a precious mineral, the users projected from the dark heart of the tower out towards the facades around the perimeter in a centrifugal movement. The single-orientation of the spaces is only occasionally interrupted, at the corners of the building. Is this a problem? The single-orientation floorplates see only a part of the world, and get light only at certain times of day. Even if the view is of value, it is a reduced experience of the world.
Making the most of the narrow configuration of the site, Jean-Luc Crochon removed the core from its central position, exposing it to natural light. Columns aligned on a 10m grid carry the floorplates, which are thereby largely open on three sides. According to the time of day and the weather, the gleaming facades of the neighbouring towers reflect their light throughout a floor, giving the impression of sun pouring in from several directions simultaneously. The structure remains discreet on the open-space floors. The slenderness of the projecting office floors renders their extremities susceptible to torsion in plan. Stiffness is provided by composite floor decks, avoiding the need for diagonals that would impose their oblique presence on the facade and the overall volume. The composite floor decks are rigidly connected to metal joists via steel connectors. The use of steel reduced the weight of the tower and made it possible to increase the ceiling heights.

Habitability

Placing the core off-centre means that the floors are dual-aspect across two-thirds of their area, without compromising on any of the requirements for flexibility required for offices. Each floorplate can be divided to accommodate different companies or separate departments. The grid is also organised according to current standards: 135cm on the standard facade (east and west); 150 and 157cm on the sloping side facades (north and south). The internal fit-out plans position facade offices close to a central zone dedicated to meeting rooms and communal areas. On each floor there is access to the outside according to the floor and its orientation. On the west side, there is a large 70m² terrace every four floors, above which

terrasse de 70 m² surmontée de trois étages de balcon. À l'est, on rencontre tous les deux niveaux des terrasses de 35 m².

Les cinq derniers niveaux développent des unités à part. Constituée de deux étages reliés par un escalier intérieur ouvert et convivial, l'unité locative se transforme en duplex doté d'une double hauteur, l'équivalent d'une maison ou d'un appartement en duplex au sein de la tour.

Le choix des matériaux répond aux critères d'aménité des ambiances domestiques, par l'emploi du bois et de moquettes dans toutes les parties communes et les circulations horizontales. Mettre en place ce qui relève du banal dans n'importe quel immeuble s'avère dans un IGH un tour de force mobilisant l'obstination des architectes. Les impératifs de sécurité incendie dans les édifices de grande hauteur réclament de réduire la masse combustible introduite par les matériaux. La norme encourage le recours aux revêtements minéraux – pierre et métal – donnant une ambiance plus froide, option écartée par le maître d'ouvrage. L'expérience de ce dernier allié à la ténacité des architectes a permis d'effacer les stigmates de la sécurité incendie : portes coupe-feu, matières froides, envahissement des ambiances par les signes de la lutte anti-incendie. L'usager de Trinity n'est pas l'hôte d'un mécanisme technique et sécuritaire connu dans la réglementation sous l'acronyme de CHC – circulation horizontale commune – révélateur de l'intérêt qu'on lui porte. CHC pour le responsable sécurité, couloir fluide pour l'usager. Le compartimentage du palier ascenseur s'effectue au moyen d'une porte à galandage disparaissant dans le mur tant qu'elle n'est pas en service. Le traitement de sol uniforme, sans changement de matériaux ou de rail efface totalement le dispositif. La circulation devient un lieu fluide, où l'usager glisse sans heurt le long de parois arrondies venant adoucir les croisements de couloirs. Les revêtements muraux en verre blanc réfléchissant reflètent les lumières et gomment les formes. Les parties fixes vitrées des portes d'entrée décloisonnent le couloir. À partir du 26ᵉ étage, son extrémité nord s'achève sur une fenêtre encadrant un fragment du paysage de tours.

are three floors with balconies. On the east side, every other floor has a 35m² terrace. The five top levels develop the idea of being self-contained, independent units. Constituted of two floors linked by an internal, user-friendly staircase, these rental units can be transformed into a two-storey unit benefitting from a double-height space, recreating the equivalent of a house or two-storey apartment within the tower.

The choice of materials replies to criteria for an agreeable, domestic atmosphere by using timber and carpeting in the communal areas and in the horizontal circulation. The implementation of things that would be mundane in any other building can be a major feat in a high-rise building, requiring all the tenacity of the architects. The constraints regarding fire safety in high-rise buildings require reducing the combustible mass of materials used. The regulations encourage the use of mineral coverings – stone and metal – resulting in a cold atmosphere, which was not the client's preference.

The latter's experience, combined with the tenacity of the architects, enabled successfully avoiding the stigmata of fire safety: fire doors and cold materials that commandeer the internal atmosphere with signs of the protection measures. Trinity's users are not made to suffer the technical and fire security mechanisms known in the regulations under the acronym of CHC – Communal Horizontal Circulation – some indication of the level of interest in the subject. CHC for the fire authorities, fluid corridor for the user. The lift lobby can be isolated as a fire compartment by means of a sliding door that disappears into the wall when it is not in use. The uniform floor finish, with no change in material or rail, renders the system imperceptible. The circulation becomes a fluid experience, where the user slides effortlessly along the curved wall surfaces that soften the intersections between corridors. The wall finish of white glass reflects the light and softens the forms. The fixed glazed panels of the entrance doors provide a spatial release to the corridors. From the 26ᵗʰ floor, the northern extremity is finished by a window framing a fragment of the landscape of towers.

Juin 2016
June 2016

Octobre 2017
October 2017

Juillet 2018
July 2018

Septembre 2018
September 2018

Décembre 2018
December 2018

Août 2020
August 2020

Colonne aérienne

Partiellement exfiltrées hors du noyau, les circulations verticales prennent leur autonomie. Elles se regroupent dans un pylône métallique traçant une suture verticale sur toute la hauteur de la façade ouest. Trinity se souvient de la Tour Eiffel, animée par le mouvement des ascenseurs dans ses piliers. La gaine d'ascenseur transparente expose le ballet de ses doubles cabines, rouges et jaunes, dans l'espace public. Elles ne desservent que les niveaux supérieurs, à partir du 15e étage. Entre le 1er et le 14e niveau, la colonne reste creuse. La répétition des éléments de structure métallique trace une longue cheminée, un puits inversé laissant percevoir la hauteur dès le palier d'ascenseur du rez-de-chaussée. La structure métallique est contreventée par des bracons dégageant son centre plutôt que par une croix de Saint-André qui l'aurait occulté.

Villa « le Ciel »

Le pylône reste le lieu du flux, de la vitesse, du déplacement, du passage. Il se double d'une structure dédiée à la stase, au séjour, à la résidence, également visible sur la façade ouest. À droite de la colonne d'ascenseur, une ligne verticale constructiviste assimilable à un empilement de maisons est séquencée par des terrasses traçant une ligne horizontale tous les quatre niveaux. Dans chaque unité, on trouve en ordre ascendant une terrasse de 70 m^2 en double hauteur et deux niveaux de salles de réunion.
Le dispositif rappelle les espaces ouverts de l'immeuble Villa de Le Corbusier, dans sa version de 1930, ou les loggias du Kanchanjunga Apartments, une tour dessinée par Charles Correa à Mumbay (Inde), en 1983. Dans ce projet, les espaces extérieurs sont placés dans des vides cubiques creusant le volume de la tour. Comparables à la cour d'une villa, ces volumes en négatif installent une échelle domestique dans la grande échelle du gratte-ciel. Ce dispositif d'encastrements dimensionnels se retrouve sur Trinity. Depuis le parvis, la colonne des villas redonne au passant la mesure d'une architecture quotidienne.

Une tour à vivre

La réglementation incendie et les systèmes de maintenance confirment que ces huit maisons superposées forment un village vertical à part. L'entretien des façades ne se fait plus par la nacelle de l'immeuble, mais par une nacelle mobile fixée à un rail. Les ouvertures ne suivent plus le même rythme. Les évacuations exigées par la réglementation sont intégrées sous forme de balcons.

Aerial column

Partially removed from the core, the vertical circulation spaces take on their own independence. They are grouped within a metal pylon that reads as vertical stitching all the way up the west facade. Trinity recalls the Eiffel Tower, animated by the movement of the elevators in its pillars. The transparent elevator shaft reveals the ballet of its red and yellow double cabins to the public. These serve only the upper floors, from level 15 and up. Between the 1st and 14th floors, the column remains hollow. The repetition of metallic structural elements creates a tall void, an inversed well that reveals its height from the ground-floor lift lobby; the metal structure is braced by inclined props in its corners, so freeing up the centre of the shaft, which cross-bracing would have obstructred.

'Sky' Villa

The pylon remains the place of movement, of speed, of passage. It is coupled with a structure dedicated to stasis, to staying, to residing, and which is visible in the west facade. To the right of the lift shaft, a constructivist vertical composition comparable to a stack of houses is rhythmed by terraces that define a horizontal line every fourth floor. Each four-storey module is comprised of a 70m^2 double-height terrace, above which are two levels of meeting rooms. This organisation is reminiscent of the open spaces of Le Corbusier's Villa building, in its 1930 version, or the loggias of the Kanchanjunga Apartments, a tower designed by Charles Correa in Bombay (India) in 1983. In that project, the exterior spaces are positioned in cubic voids scooped out of the volume of the tower. Comparable to the courtyard of a villa, these negative volumes establish a domestic scale within the large scale of the sky-scraper. This system of dimensional inserts is repeated on Trinity. From the forecourt, the stacked column of 'villas' gives passers-by the dimensional illusion of domestic architecture.

A tower to be experienced

Fire regulations and maintenance systems imposed that these eight superimposed villas form a separate vertical village. The maintenance of their facades is not conducted using the main building's cleaning cradle, but instead by a mobile cradle suspended from a rail on the soffit of the terraces. The windows no longer follow the same rhythm. The regulatory fire barrier is provided in the form of balconies.
These 'villas' are accessible to all the users of the tower as they are linked in to the communal

Ces « villas » sont accessibles à tous les occupants de la tour puisqu'elles sont également connectées à la circulation commune et non uniquement aux parties privatives. Haut lieu de sérendipité, elles peuvent être aménagées en salle de réunion ou en espaces informels plus conviviaux, une cuisine, une bibliothèque, rappelant les codes domestiques. Tout paraît familier dans cet environnement où rien n'est simple à mettre en place. La surélévation des garde-corps au-delà des exigences normatives accroît le sentiment de sécurité.

Travailler dehors

Tous les quatre niveaux, une plateforme s'ouvre sur le paysage. Des bancs et des chaises invitent à s'asseoir et venir « télétravailler » en se connectant à la borne wifi couvrant la terrasse. Les grandes agences de publicité ou les start-up ont été les premières à adopter ces systèmes de bureaux flexibles et à laisser leurs employés investir des espaces extérieurs dont il n'était pas spécialement prévu de faire des espaces de travail. Les terrasses de Trinity montrent aux grandes entreprises internationales installées à La Défense que la décontraction ne signifie pas le relâchement. Ouvrage inédit et sophistiqué, la terrasse est un objet ambigu relevant à la fois du balcon et du sol public. Elle dispose d'arbres plantés en pleine terre sur un sol mince revêtu d'un platelage en bois. Les espèces rencontrées changent suivant les niveaux. Plus l'on s'élève, plus l'on trouve les essences de la haute montagne : c'est le principe de la coupe de Humboldt, appliqué depuis le sol jusqu'au dernier étage planté.

circulation as well as the private areas. A hotspot for serendipity, they can be fitted out as meeting rooms or as more convivial, informal spaces, a kitchen, a library, domestic in feel. Everything in the environment appears familiar, although nothing was easy to achieve. The balustrades have been raised higher than standard requirements, adding to the sense of security.

Working outside

On every fourth floor, a platform opens out over the landscape. Chairs and benches invite users to sit and to work 'remotely' thanks to Wi-Fi connection on the terraces. The big advertising agencies and start-ups were the first to adopt these systems of flexible desks, leaving their employees free to install themselves in outdoor spaces that hadn't particularly been foreseen as work spaces. Trinity's terraces show the big international companies in La Défense that informality doesn't mean slackening productivity. An unusual and sophisticated device, the terrace is an ambiguous space, both a balcony and a public space, with trees planted in a shallow depth of soil and the ground plane covered in timber decking. The species planted vary according to height, becoming more mountainous as they move up; this is the principle of Humboldt's geological cross-section, applied from the soil to the last planted level.

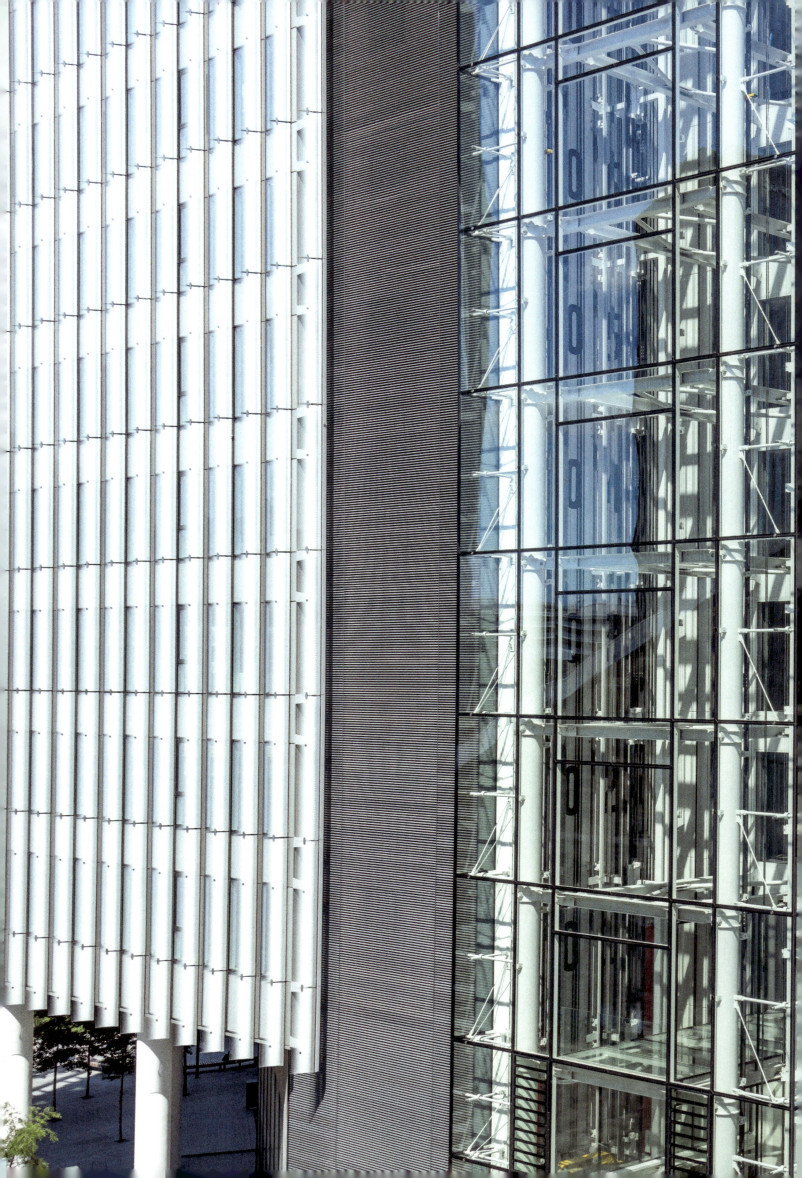

Double vue

Objet paradoxal, la tour doit simultanément être visible et invisible. Les villes ont mis en place des cônes de vue pour réguler l'émergence de ces artefacts dans le paysage. Les façades des tours ont été revêtues de verre miroir pour se fondre dans le ciel. Ces techniques de trompe-l'œil éprouvées dans le voisinage immédiat de Trinity ont fait leur temps. La tour contemporaine doit trouver d'autres modalités d'intégration. La masse de Trinity est scindée en trois volumes de hauteur différente. Une variation sculpturale traduisant une attention au contexte. Si la tour s'abaisse de cinq niveaux sur sa partie nord, c'est pour ménager l'air et la vue des immeubles d'habitation voisins. Trinity n'est pas située dans un cône de vision, mais ses façades sud et nord sont tronquées pour laisser des percées visuelles sur le Cnit, et pour atténuer la proximité avec ses voisines. La cinquième façade de la toiture reçoit un revêtement en caillebotis qui dissimule les réseaux techniques aux yeux des résidents des tours Areva, Total ou Engie. Une forme de politesse trop rare à l'heure où plus une toiture n'échappe à l'œil de Google Earth.

Extraclair

Vêture de nombreuses tours de La Défense ancienne génération, le verre miroir brouille la perception depuis la rue, et modifie la perception sur l'extérieur. Les vitrages dits transparents paraissent plus neutres, mais ils intercalent un halo verdâtre entre l'utilisateur et son environnement. Commercialisés depuis une dizaine d'années par les fabricants de produits verriers, les verres extraclairs suppriment tout voile entre l'intérieur et l'extérieur. Du garde-corps à la façade de bureau, tous les vitrages de Trinity utilisent ce produit. Libre de tout vis-à-vis, la façade ouest est très exposée aux surchauffes solaires. Des ventelles de verre verticales en saillie permettent d'écrêter les pics de chaleur, elles retardent le moment d'abaisser les stores. Le motif sérigraphié sur ces éléments a été pensé pour être translucide sans créer un effet d'œillère depuis les bureaux. La fenêtre sert traditionnellement autant à laisser voir, en illuminant les intérieurs ou en dévoilant les extérieurs, qu'à ventiler les pièces. La climatisation et la hauteur avaient conduit à éliminer cette fonction, qui réapparaît sur les systèmes d'ouvrants laissant rentrer l'air, manipulable par les usagers des plateaux au moyen d'une élégante poignée encastrée.

Structure vivante

Dessinés bien avant que l'on ne puisse les construire, les premiers gratte-ciel européens modernes magnifiaient une dualité entre les façades de verre

Double vision

Paradoxically, a tower should be both visible and invisible. Cities have implemented cones of vision to regulate the emergence of these artifacts in the landscape. The facades of towers have been covered in reflective glass in order to melt into the very sky. These *trompe-l'oeil* techniques, well-proven in the immediate neighbourhood around Trinity, have done their time. Today's towers need to find new means of integration. The massing of Trinity is split into three volumes of different heights. A sculptural variation that shows an attention to context. The reason for making the tower five levels lower on the north side, is to preserve the air and views of the neighbouring residential buildings. Trinity is not situated in a cone of vision, but its north and south facades are nonetheless truncated in order to leave open views through to the Cnit, and to avoid too great a proximity with the neighbours. The fifth facade, the roof, is covered in metal grating to conceal the services from the occupants of the neighbouring Areva, Total or Engie towers. A form of politeness that is all too rare these days, in spite of the fact that no roof goes unseen on Google Earth.

Extra-clear

Covering many of the older generation towers of La Défense, mirrored glass confuses perception from the street, as well as changing the perception of the exterior from within the tower. So-called 'transparent' glazing appears to be more neutral, but it introduces a greenish tint between the users and their surroundings. Marketed for the last ten years by glass manufacturers, extra-clear glass reduces the veil effect between the interior and exterior. From the balustrades to the office facades, all the glazing on Trinity uses this glass.
Free from any overlooking buildings, the west facade is very exposed to solar gain. Protruding vertical slats make it possible to diminish the effects of the worst of the heat, delaying having to lower the blinds. The fritting pattern on these elements was designed to be translucent without giving the office users the impression of being blinkered. Traditionally a window serves as much to ventilate rooms as to let people see through, illuminating the interiors or revealing the exterior. Air conditioning and height have combined to eliminate this function, which reappears in the project as systems of openings to let in air, which users can manipulate by means of an elegantly recessed handle.

diaphane, immatérielle, et les planchers béton déformés avec la perspective. L'esquisse de Mies van der Rohe pour un gratte-ciel sur la Friedrichstrasse (Berlin, 1921) n'a pas fini de hanter l'architecture. Ce prisme de verre restait désespérément vide. Souhaitant sans doute figurer parmi les usagers de ses bâtiments, Richard Rogers a rempli ses coupes d'une population active investissant tous les étages. Avec la transparence, les intérieurs participent plus activement à l'animation de la rue. La lumière artificielle éclaire les extérieurs en soirée et modifie les façades. L'activité des usagers produit des microévènements offrant au quartier un spectacle permanent digne des «cities symphonies» des années 30. La vue des autres devient un spectacle innocent, dénué de voyeurisme. Imaginer la vie des autres rassure et donne de l'empathie. L'immeuble nous parle. Il suffit de voir les façades de nombreuses tours voisines pour ressentir l'animosité involontaire de ces masses bâties impénétrables. Après les vitrages, les revêtements métalliques extérieurs amplifient les mouvements : en sous-face des terrasses, des plaques en aluminium anodisé renvoient une image floutée des arbres et des usagers.

Un objet pour la ville

Il est couramment admis que les objets architecturaux s'imposent à leurs usagers comme aux passants, que les deux méritent une attention égale. Concepteur de Trinity, Jean-Luc Crochon s'interroge : d'où vient la beauté d'une tour ? Beaucoup sont conçues comme des objets sculpturaux, soumis à l'injonction de l'originalité formelle. Créée sur un non-sol, Trinity a longtemps évolué avant d'atteindre sa forme définitive. Elle est plus petite que plusieurs de ses voisines et doit exister au milieu de ses grandes sœurs. Tout au long du processus, l'architecte a veillé à mettre en cohérence la forme et les contraintes. L'élancement est la première vertu plastique d'une tour, défavorable pour une tour mesurant 80 mètres de long sur 150 mètres de haut. Le fractionnement lui a redonné de l'allant, mais ce n'est qu'un des premiers artifices pour lui rendre son élan vertical, contrarié par les systèmes techniques ou réglementaires. Le pas des étages sur la façade ouest est atténué par un glacis vitré. Au sommet de la tour, le vitrage se prolonge au-delà du dernier niveau pour gagner de la hauteur. C'est du centre de la façade ouest que l'on atteint les sommets, avec l'aiguille culminant à 152 mètres. Terminée par une pointe métallique, elle matérialise la couture enfin réalisée entre Puteaux et Courbevoie. Un geste constructiviste et expressif qui concentre les ambitions de la maîtrise d'oeuvre et de la maîtrise d'ouvrage. Une tour pour réinventer la tour et prendre de la hauteur.

A living structure

Designed well before we were able to build them, the first modern European skyscrapers revered a duality between facades in diaphanous glass, ethereal, and the concrete floorplates that were revealed behind, all deformed with the perspective. Mies van der Rohe's sketch for a skyscraper on the Friedrichstrasse (Berlin, 1921), is still haunting architecture. This prism of glass remained hopelessly empty. No doubt wanting to figure among the users of his buildings, Richard Rogers filled his cross-sections with an active population inhabiting every floor. With transparency, the interiors participate more actively in the animation of the street. Artificial light illuminates the outside after dark and modifies the facades.

User activity produces micro-events throughout the day, offering to the neighbourhood a permanent spectacle worthy of the 'city symphonies' of the 1930s. The view of others becomes an innocent spectacle, removed from voyeurism. Imagining other people's lives is reassuring and incites empathy. The building speaks to us. It is enough to see the facades of numerous neighbouring towers to feel the involuntary animosity of these impenetrable built masses. After the glass, the external metal cladding amplifies movements: on the soffits of the terraces, panels of anodised aluminium reflect a blurred image of trees and users.

An object for the city

It is generally accepted that architectural objects impose themselves on their users as well as on passers-by, and that both merit equal attention. Jean-Luc Crochon, who conceived Trinity, wonders: where does a tower's beauty come from? Many are designed from the start as sculptural objects, subject to the injunction of an original form. Created on a non-site, Trinity evolved over a long period before finding its final form. It is, and remains, smaller than many of its neighbours and must exist among its larger siblings. Throughout the process, the architect took care over the coherence between its form and the rest of its constraints.
Slenderness is the primary formal virtue of a tower, unfavourable for a tower that is 80m long by 150m high. Splitting it has given vigour to the tower, but it is only one of the foremost ploys to restore its vertical momentum, regularly hampered by technical or regulatory constraints. The fire safety requirement for fire-proof spandrel panels that marks the west facade with horizontal lines, disappears behind a glazed screen. At the top of the tower, the glazing extends above the last level in order to gain a bit of height. It is in the middle of the west facade that we find the highest point, with the needle-like mast culminating at 152 metres. Topped with a metal spike, Trinity finally marks the link between the suburban towns of Puteaux et Courbevoie. A constructivist and expressive gesture that summarises the ambitions of both design team and client. A tower to reinvent towers and rise up.

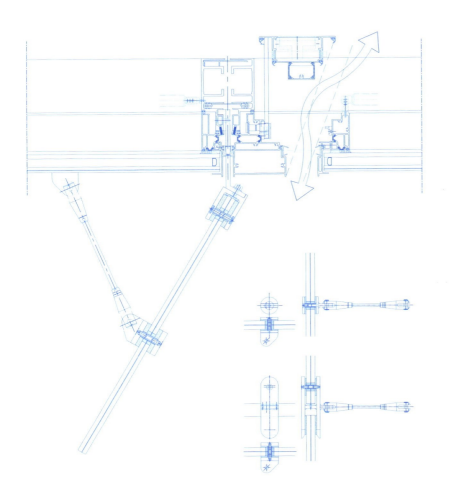

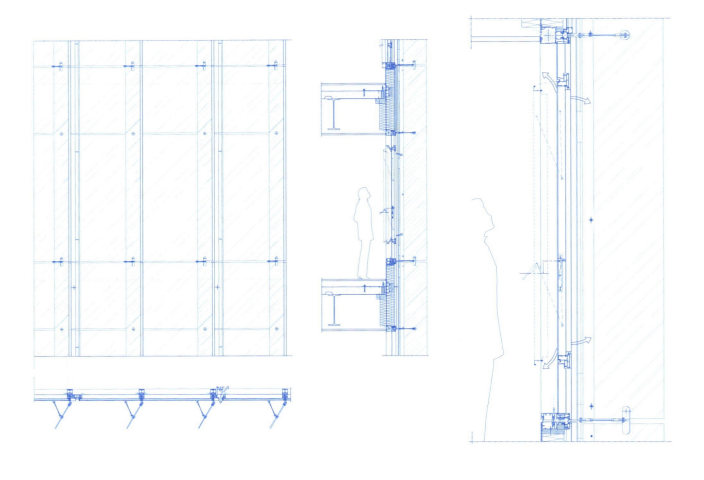
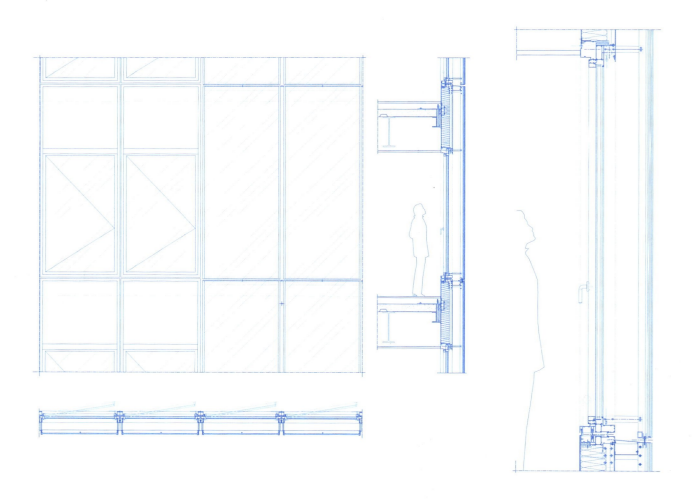

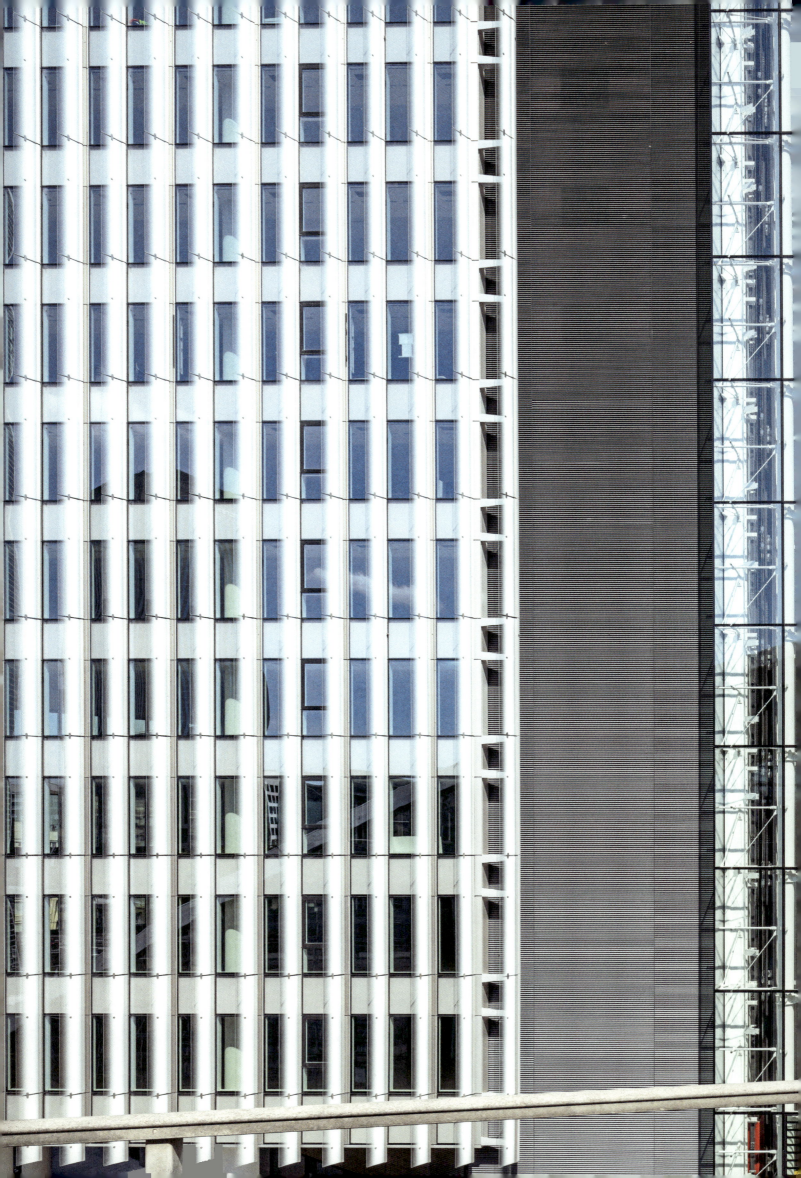

Cro&Co Architecture

Cro&Co Architecture est structuré autour de Jean-Luc Crochon, architecte fondateur, et de son équipe cosmopolite, mixte et passionnée, composée d'une vingtaine de talents. Basée à Paris, l'agence développe depuis 20 ans des projets ambitieux, distingués par plusieurs prix, et réalisés pour des maîtres d'ouvrage renommés. Parmi ses principales réalisations figurent l'usine de Gals en Suisse, le siège de Paris Habitat, le parking Circé de Montpellier, l'hôpital Foch à Suresnes, les laboratoires de l'INRA à Jouy-en-Josas et, à La Défense, la restructuration du Cnit et plus récemment le Carré Michelet.
Son approche architecturale pluridisciplinaire se reflète dans une grande diversité de programmes et s'étend de l'aménagement urbain au design de mobilier. La valeur humaine et le bien-être de l'usager sont au coeur de sa réflexion, afin de créer des lieux complets, adaptés aux usages et à leur évolution, et où le partage, la sérendipité, et la qualité environnementale ont une place centrale.

Jean-Luc Crochon

Jean-Luc Crochon est architecte diplômé en 1988 de UP1 à Paris. Il devient membre de l'Ordre des architectes et débute sa carrière en ouvrant sa propre agence. Après avoir été consultant chez RFR, il crée en 1998 avec Cuno Brullmann une nouvelle agence qui deviendra Cro&Co Architecture et dont il prend seul la direction en 2008. Dix ans plus tard, il s'associe avec Nayla Mecattaf pour créer en parallèle CroMe Studio. Distingué par plusieurs prix (CTBUH Award 2021, Trophée Eiffel 2020, Prix Siati 2020, Prix Acier 2010, Prix AMO 2002) et publications, Jean-Luc est membre de l'Afex, du CTBUH et du conseil d'administration de l'AMO.

Cro&Co Architecture

Cro&Co Architecture is structured around founding architect Jean-Luc Crochon, and his cosmopolitan team, mixed and passionate, of about 20 talented professionals. Based in Paris, for the last 20 years the practice has worked on ambitious projects, recognised by numerous prizes and realised by clients of renown.
Among its principal realisations figure the Gals factory in Switzerland, the Paris Habitat headquarters, the Circé carpark in Montpellier, the Foch hospital in Suresnes, the INRA laboratories in Jouy-en-Josas and, in La Défense, the rehabilitation of the Cnit and, more recently, the Carré Michelet. The practice's architectural approach is reflected in a broad range of projects and spans from urban developments to furniture design. Social values and the wellbeing of users are at the heart of its reflection in order to create rich places, that are adapted to the uses and their evolution, and where sharing, serendipity and environmental quality play a central role.

Jean-Luc Crochon

Jean-Luc Crochon graduated from UP1 university in 1988. Registering with the Order of Architects, he began his career by setting up his own agency. After a period working as a consultant with RFR, he founded a new practice in 1998 with Cuno Brullmann that was to become Cro&Co Architecture; Jean-Luc took over sole directorship in 2008. Ten years later, in order to develop projects internationally, he teamed up with Nayla Mecattaf to establish CroMe Studio alongside the existing practice.

Boasting several prizes (the CTBUH Awards 2021, the Trophée Eiffel in 2020, the steel building award in 2010, the AMO award in 2002) and publications, Jean-Luc is a member of the AFEX (French architects for export association) and the CTBUH, and is on the board of directors of AMO (architect and client organisation).

Cro&Co Architecture – Le mot de l'équipe Trinity

Francesca Benente
Directrice de projet

« Un des aspects marquants de l'expérience Trinity a été la façon de travailler en équipe, tous ensemble : maître d'œuvre, maître d'exécution, maître d'ouvrage et entreprise. La grande qualité des échanges entre toutes les parties nous a permis d'obtenir un résultat excellent. Grâce à cette collaboration, nous avons réalisé ce que nous avons imaginé pendant les études, en partant de la volumétrie extérieure jusqu'aux détails de réalisation des espaces intérieurs et du mobilier. Trinity se distingue aussi par la volonté de transformer l'espace routier en une « oasis urbaine », un lieu de promenade agréable pour les habitants et les usagers de La Défense. Cette idée nous a amenés à imaginer un jardin à l'horizontale, les liaisons urbaines à usage public, et un jardin à la verticale, composé de terrasses et balcons végétalisés dédiés aux occupants de la tour. Nous avons ainsi pu créer des bureaux où l'on travaille en contact avec la nature et l'extérieur. »

Federica Bestonso
Cheffe de projet

« Trinity a été pour moi une expérience professionnelle enrichissante : un défi urbain, structurel, architectural, dans un contexte présentant des contraintes inhabituelles, et aussi une collaboration constante avec de multiples interlocuteurs.
L'équipe a été confrontée à un effort de continuité et d'endurance vis-à-vis des valeurs qui ont porté le bâtiment et qui demeurent aujourd'hui novatrices pour une opération de tour : son ancrage contextuel, sa généreuse hauteur sous plafond, son noyau lumineux, sa liaison visuelle entre extérieur et intérieur, entre circulation centrale et plateaux, ses espaces verts imaginés comme lieux de travail.
Les réactions positives des professionnels de la construction et des visiteurs devant l'œuvre construite sont un témoignage de la qualité de notre travail.
L'architecture n'est pas un art abstrait, mais une profession qui influe sur la qualité de vie de l'homme dans l'espace. »

Daniel Durassier
Chef d'agence

« J'ai fait et participé à de nombreux projets qui se sont concrétisés, celui de Trinity, qui n'est pas encore le dernier, me marque par sa dimension et sa complexité. J'ai connu tous les stades et transformations qui ont modelé la genèse du projet final, du petit bâtiment horizontal aux différentes étapes qui ont marqué la verticalité et les formes de la tour réalisée. Le temps de réflexion est important dans notre métier, notre client l'a compris, et nous a permis de mûrir le projet et de le faire évoluer. Une liberté possible grâce à une équipe extrêmement compétente, la volonté persuasive de Jean-Luc pour mener à bien ce projet, et la relation de confiance établie avec Unibail dès la rénovation du Cnit. L'aspect le plus fort du bâtiment est la fluidité et l'ouverture de chaque plateau, les contraintes rigoureuses qui marquent habituellement les IGH ont ici été intégrées dans l'architecture. Le travail de détails sur les façades et toutes les toitures-terrasses a été particulièrement enrichissant ».

David Lefrant
Directeur de chantier

« Trinity, c'est avant tout un projet ambitieux, susceptible de faire évoluer les référentiels des espaces de travail en France. Ce projet « hors-sol », qui construit sa propre assise, forme aussi une véritable connexion urbaine. En phase réalisation, cela aura été bien sûr un chantier complexe et au-delà, une véritable aventure collective comme le sont les sujets d'exception. »

Cro&Co Architecture
Équipe Trinity

Architecte :
Cro&Co Architecture,
Jean-Luc Crochon

Direction de projet :
Francesca Benente,
Federica Bestonso,
Daniel Durassier,
David Lefrant,
Benjamin Liatoud

Avec : Fabien Barthélémy, Roch Bigand, Nicola Cani, Ilaria Cazzato, Marina Doblado, Coraline Dufrenois, Blandine Fauquet, Maïlys Grudzien, Dorothée Knecht, Charlotte Lavaquerie, Ronan Legac, Julien Loiseau, Vincent Montcuit, Giorgio Nalin, Alessandro Napione, Davide Pallaro, Karen Perocheau, Pauline Routhier, Rida Saad, Nicolas Sisto, Marie Stephan, Marc Takikawa, Ting Yung Yang.
Et : Gwenaelle Balouin, Elisabeth Bieber, Danielle Pham, Gaelle Rueff, Marie Sawaya.

Cro&Co Architecture – A word from the Trinity team

Francesca Benente
Project director

"One of the most remarkable aspects of the Trinity experience was the way we worked as a team, all together: design architect, site architect, client and contractor.
"The high quality of communication between all the parties made it possible to get excellent results. Thanks to this collaboration, we have built exactly what we had imagined during the design phase, from the external massing to the finished detailing of the internal spaces and furniture.
"Trinity is also unusual in the desire to transform a highway area into an 'urban oasis', an agreeable place for residents and users of the La Défense district to stroll. This idea led us to create a horizontal garden, urban links for public use, and a vertical garden, composed of planted terraces and balconies for the occupants of the tower. We were thereby able to create offices in which one can work in contact with nature and the outside world."

Federica Bestonso
Project manager

"Trinity has been a rewarding professional experience for me: an urban, structural and architectural challenge within a context of unusual constraints, and a constant collaboration with numerous partners.
The team faced an effort of continuity and endurance in terms of the values upheld by the building, which still remain innovative for a tower project: rooted in context, generous ceiling height, luminous core, visual links between inside and outside, between central circulation and floorplates, green spaces designed as workspaces.
The positive reactions from professionals of the building industry and visitors to the built project bear witness to the quality of our work. Architecture is not an abstract art, but a profession that influences people's quality of life within a space."

Daniel Durassier
Practice manager

"I have carried out and participated on many projects that have been built. The Trinity project, which is not yet my last, struck me by its scale and complexity. I have known all the stages and transformations that modelled the creation of the final project, from a small horizontal building to the different stages that outlined the verticality and the forms of the tower that has been built. Time for reflection is important in our profession, our client understood this, which enabled us to allow the project to develop and to evolve. A freedom enabled by an extremely competent team, Jean-Luc's persuasive desire to complete this project, and the relationship based on trust that had been established with Unibail ever since the renovation of the Cnit. The most striking aspect of the building is the fluidity and openness of each floor, the rigorous constraints that generally mark high-rise buildings have here been incorporated into the architecture. Work on the detailing of the facades and all the roof terraces was particularly rewarding."

David Lefrant
Site director

"Trinity is first and foremost an ambitious project, likely to advance the frame of reference for workspaces in France. This 'hydroponic' project, which constructs its own bearings, also forms a real urban connection. During construction, it was of course a complicated site and beyond that, a real collective adventure – as are all exceptional projects."

Cro&Co Architecture
Trinity team

Architect:
Cro&Co Architecture,
Jean-Luc Crochon

Poject management:
Francesca Benente,
Federica Bestonso,
Daniel Durassier,
David Lefrant,
Benjamin Liatoud

With: Fabien Barthélémy, Roch Bigand, Nicola Cani, Ilaria Cazzato, Marina Doblado, Coraline Dufrenois, Blandine Fauquet, Maïlys Grudzien, Dorothée Knecht, Charlotte Lavaquerie, Ronan Legac, Julien Loiseau, Vincent Montcuit, Giorgio Nalin, Alessandro Napione, Davide Pallaro, Karen Perocheau, Pauline Routhier, Rida Saad, Nicolas Sisto, Marie Stephan, Marc Takikawa, Ting Yung Yang.
And: Gwenaelle Balouin, Elisabeth Bieber, Danielle Pham, Gaelle Rueff, Marie Sawaya.

Fiche technique

Tour Trinity,
Paris La Défense

Adresse
1bis place de la Défense
92800 Puteaux

Programme
Bureaux, commerces,
aménagement urbain

Superficie
49 400 m² SDP

Calendrier
Faisabilité : 2010
Chantier :
Nov. 2015 – Oct. 2020
Livraison : Nov. 2020

Maîtrise d'ouvrage : Unibail
Rodamco Westfield | SCI
Trinity Défense
Maîtrise d'ouvrage
déléguée : Espace
Expansion

Maîtrise d'œuvre
Architecte : Cro&Co
Architecture
BET Structure : Setec tpi
BET Fluides : Barbanel
Economiste : AE75
MOEX : Artelia BI

Avec :
Acousticien :
Tisseyre & Associés
Architecture d'intérieur
(espaces de restauration
et marketing suite) :
Saguez & Partners
Artiste : Ateliers Cruz-Diez
Botaniste : Phytoconseil
Éclairagiste : Les ateliers
de l'éclairage
Environnement : Alto
Façade : Arcora
Géomètre : Cabinet
P. Fauchère et M. Le Floch
Maquettiste : Bruno Gay
Paysagiste :
Bureau Bas Smets
Perspectiviste :
L'autre image
Restauration :
Restauration Conseil
Sécurité : CSD & Associés
Signalétique :
Gérard Plénacoste
SPS : Bureau Veritas
VRD : Progexial

Bureau de contrôle :
Socotec

Entreprise générale :
Bateg | Vinci Construction
France

Pascal Acezat, Mourad Akl, Jospeh Andaloro, Claude Andreetti, Jérôme Ansaldi, Dominique Aubert, Laurence Aupetit, Nabil Barakat, Cécile de Bayser, Bertrand Berdoulat, Laurent Bernard, Thomas Bernard, Jérémie Bertaud, Alain Billaudel, Olivier Bossard, Nicolas Bourgery, William Bourreau, Mathilde Capbern, Maria Carbonell, Guillaume Celestin, Laure Chaboy, Joseph Chafey, Jean-Luc Chassagne, Line Chauveau, Didier Cherion, Luc Chignier, Jean-Pierre Coeur, Jean-Pierre Conqui, Cécile Courné, Carlos Cruz-Diez, Carlitos Cruz-Diez, Mariana Cruz, Christophe Cuvillier, Jérémy Damaye, Jean-Marie David, Magali Delhaye Cottave, Chantal De Praingy, Florian Dessaint, Clement Devergie, Nasser Djoudad, Bruno Donjon de Saint Martin, Benoit Dufour, Nicolas Fargeot, Gil Fittipaldi, Sylvain Fournié, Jean-François Focone, Alexis Fontant, Christelle Frey, Thomas Fuchs, Victor Gagelin, Yoann Galle, Laura Gatti, Bruno Gay, Boris Gentine, Philippe Gérard, Eric Gerlach, François Gonnard, Antoine Habillat, Dominique Helson, Jean-Marc Jaeger, Vincent Jean-Pierre, Manon Kayser, Morgane Koenig, Françoise Kus, Thierry Lebon, Jean-Jacques Lefebvre, David Lezmy, Sylvain Malherbe, Kevin Marchand, Antoine Maufay, Maya Merad, Philippe Michel, Philippe Miguet, Vincent Moraël, Jean-Pierre Mouillot, Jihane Nabih, Valérie Parenty, Orélie Pedrini, Pierre Pentier, Dino Pesic, Gérard Plénacoste, Solène Poisson, Guillaume Poitrinal, Ramin Pourtavassoli, Karim Rahbani, Clément Ringot, José Rubio, Olivier Saguez, Samuel Schembri, Jean- Luc Sellier, Bas Smets, Alain Tisseyre, Jean-Marie Tritant, Evelyne Valentin, Joffrey Vanmassenhove, Florent Varlet, Marc Verdon, Gregory Viel, Emmanuel Viglino, Samir Zamoum.

Distinctions
2021 – CTBUH Awards
of Excellence, catégorie
« Urban Habitat, Single Site »
2021 – Trophées de
l'Ascenseur, catégorie
« Environnement et
développement durable »
2021 – Simi Awards,
catégorie « Tour de bureau »
(nommé, résultat en
décembre 2021)
2021 – Mipim Awards,
catégorie « Urban project »
(nommé, résultat en
sept 2021)
2020 – Prix Siati, catégorie
« Promoteurs, l'opération
la plus innovante »
2020 – Pierres d'or (nommé)

Certifications
BREAM Excellent
NF HQE Excellent
(score maximal sur les
14 cibles du référentiel)

Data sheet

Tour Trinity,
Paris La Défense

Address
1bis place de la Défense
92800 Puteaux

Programme
Offices, retail, urban
connections

Surface
49,400 m²

Calendar
Feasability: 2010
Construction works:
Nov. 2015 – Oct. 2020
Completion: Nov. 2020

Client: Unibail Rodamco
Westfield | SCI Trinity
Défense
Delegated contractor:
Espace Expansion

Project management
Architect: Cro&Co
Architecture
Structural engineers:
Setec tpi
M&E engineer: Barbanel
Quantity surveying: AE75
Site architect: Artelia BI

With:
Acoustics:
Tisseyre & Associés
Interior design (catering
area and marketing suite):
Saguez & Partners
Artist: Ateliers Cruz-Diez
Botanist: Phytoconseil
Lighting: Les ateliers
de l'éclairage
Sustainability: Alto
Facade: Arcora
Surveyor: Cabinet
P. Fauchère et M. Le Floch
Model maker: Bruno Gay
Landscape architect:
Bureau Bas Smets
Computer-generated
images: L'autre image
Restaurant concept
development:
Restauration Conseil
Security: CSD & Associés
Signage: Gérard Plénacoste
H&S coordinator:
Bureau Veritas
External works: Progexial

Building control office:
Socotec

General contractor:
Bateg | Vinci Construction
France

Awards
2021 – CTBUH Awards
of Excellence, 'Urban
habitat, single site' category
2021 – Trophées de
l'Ascenseur (elevator
awards), 'Environment
and sustainable
development' category
2021 – Simi Awards,
'Office tower' category
(shortlisted, results in
December 2021)
2021 – Mipim Awards,
'Urban project' category
(shortlisted, results in
September 2021)
2020 – Siati Prize,
'Developers, the most
innovative project' category
2020 – Pierres d'Or
(shortlisted)

Certifications
BREAM Excellent
NF HQE (French
environmental building
regulations) Excellent
(maximum score on the
14 reference markers)

CroMe Studio

Dirigée par l'architecte Nayla Mecattaf, CroMe Studio est configuré aux mesures d'un savoir-faire forgé au cours de 25 ans chez Renzo Piano Building Workshop, qui lui a valu la direction de projets majeurs en Europe, en particulier Potsdamer Platz à Berlin, Shard et St Giles à Londres, Float à Düsseldorf. Fondé en 2017 en association avec Jean-Luc Crochon, CroMe est un studio dédié au développement de projets à l'international. Basée sur des valeurs d'échange et d'ouverture, CroMe déploie son expertise pour aborder de nouveaux horizons, en dialogue avec différentes cultures.

Nayla Mecattaf

Née au Liban, de nationalité franco-suisse, Nayla Mecattaf est diplômée de l'École Polytechnique Fédérale de Zurich (EPFZ). Elle débute son parcours professionnel à Paris, dans une agence d'architecture d'intérieur puis chez Architecture Studio. Elle rejoint ensuite Renzo Piano Building Workshop où elle restera 25 ans, dont 18 en tant qu'associée. Elle y dirige de nombreuses équipes de projets en Europe et au Moyen-Orient. Enseignante invitée à l'École d'architecture de Paris-Malaquais entre 2004 et 2007 et plus récemment à l'école d'architecture de l'université de Biberach en Allemagne, elle pilote des ateliers de projet en cycle Master.
Nayla est membre de l'Ordre des architectes français et suisse, de l'Afex et du CTBUH.

CroMe Studio

CroMe Studio is headed by architect Nayla Mecattaf and is structured around experience acquired over 25 years with Renzo Piano Building Workshop, during which she was project director for major European projects such as Potsdamer Platz in Berlin, the Shard and St Giles in London, and Float in Dusseldorf.
Founded in 2017 in association with Jean-Luc Crochon, CroMe is a studio dedicated to international projects. Based on values of exchange and openness, CroMe uses its expertise to explore new horizons, in dialogue with different cultures.

Nayla Mecattaf

Born in Lebanon, of French-Swiss nationality, Nayla Mecattaf graduated from the Swiss Federal Institute of Technology Zurich (EPFZ) in 1990. She launched her professional career in Paris at several studios and joined Renzo Piano Building Workshop where she stayed for 25 years, including 18 as a partner. Nayla has led many projects in Europe and the Middle East. Guest teacher at the School of Architecture of Paris Malaquais between 2004 and 2007, and more recently at Hochschule Biberach in Germany, she runs project workshops for Masters programmes.
Nayla is a member of the Order of Architects in France and in Switzerland, of the AFEX and of the CTBUH.

La mixité pour horizon

Trinity marque une évolution dans la conception des tours de bureaux. Comment faire évoluer encore cette typologie pour l'enrichir et la rendre acceptable ? Jean-Luc Crochon de l'agence Cro&Co Architecture et Nayla Mecattaf, de l'agence CroMe Studio, parient sur la mixité fonctionnelle et conceptuelle.

Olivier Namias — Les tours restent des objets à part dans l'architecture et l'urbanisme. Quelles sont celles qui vous ont le plus marqués avant que vous ne commenciez vous-même à en concevoir ?

Jean-Luc Crochon — Lors de nos études, nous regardions vers les États-Unis, et les exemples historiques de Chicago – la Sears Tower, la Hancock. Il y a aussi la production anglo-saxonne de Rogers, notamment la Lloyd, ce bâtiment qui verticalise Beaubourg, ainsi que les tours conçues par Renzo Piano Building Workshop. La plus marquante reste cependant la tour HSBC de Foster à Hong Kong, introduisant une expression inédite liée à sa coupe. Elle est sans doute dépassée dans la course à la hauteur, mais reste pertinente en terme d'innovation.

Nayla Mecattaf — En fait, rien ne dit que les tours se doivent d'être toujours plus hautes ! La vraie question serait plutôt de trouver le bon rapport de proportion entre surface au sol et émergence dans le paysage urbain. J'ai grandi au Liban, puis en Suisse, où les tours étaient et restent rares. À Zurich, le patrimoine de tours se limitait à trois immeubles de logements brutalistes peu accueillants, exemple parfait du bâtiment repoussoir ou personne ne souhaiterait vivre. J'ai eu la révélation des gratte-ciel en allant à New York après mon bac, fascinée autant par les tours modernes comme la Pan Am, que par les tours à modénature dont la modernité ne tient pas aux murs rideaux mais à l'élancement et à la silhouette. Celle qui m'a peut-être le plus frappée est le New York Athletic Club évoqué par Rem Koolhaas dans son livre *New York Délire*. Toute la folie de Manhattan avec sa culture de la congestion est concentrée dans ce gratte-ciel qui superpose des fonctions sportives de toute sorte avec des logements pour citadins. Elle reste le meilleur exemple de mixité sociale produit par une concentration d'activités diverses sur un terrain réduit. Une tour de l'avenir ?

ON   L'autre intérêt de la tour, c'est la vue, aspect qui a pu passer à l'arrière-plan après les considérations symboliques, économiques et technologiques. N'avez-vous pas des souvenirs de villes vues depuis les tours ?

JLC   Et pas seulement depuis les tours ! Les églises sont me semble-t-il les premiers bâtiments opérant comme repère urbain et observatoire panoramique. Depuis le sommet du Duomo, le visiteur découvre tout Florence. La fascination opère, tous les points de vue élevés captivent les regards.
Trinity ne monte qu'à 150 mètres. C'est une petite tour, mais sa position aux premières loges sur le parvis offre des vues privilégiées et particulièrement mises en scène depuis la gaine d'ascenseurs panoramiques, d'où le paysage se transforme au rythme de l'élévation des cabines, les terrasses est et ouest, ou le rooftop. Dès qu'on y emmène des visiteurs, ils sont attirés par la vue, et découvrent La Défense depuis de nouveaux angles, avec des points de vue décalés par rapport à l'axe historique.

Mixed-use on the horizon

Trinity marks an evolution in the conception of office towers. How can this typology be further advanced to enrich it and make it more accessible? Jean-Luc Crochon of Cro&Co Architecture, and Nayla Mecattaf of CroMe Studio, are banking on functional and conceptual diversity.

ON   Towers hold a particular position in architecture and urbanism. Which ones had the greatest influence on you prior to beginning to design towers yourself?

JLC   As students, we looked to the US and the landmark examples in Chicago – the Sears Tower, the Hancock Center. There is also Rogers' British production, in particular the Lloyd's Building, which is like a vertical Pompidou Centre, as well as the towers designed by Renzo Piano Building Workshop. But the most striking remains Foster's HSBC tower in Hong Kong, which introduced a completely new expression in its form. No doubt it has been over-taken in the race for height, but it remains pertinent in terms of innovation.

NM   In fact there is nothing to say that towers must always be higher! The real question is more about finding the right balance in proportion between the tower's footprint and its protrusion into the urban landscape. I grew up in Lebanon and then in Switzerland, where towers were, and still are, rare. In Zurich, the only ones were three unwelcoming brutalist apartment buildings, the perfect example of a repellent building where nobody would want to live. I had a revelation about skyscrapers when I went to New York after leaving high-school; I was fascinated just as much by the modern towers, such as the Pan Am, as by the more ornate towers whose modernity was not in curtain walls but in their slenderness and silhouette. Perhaps the tower that had the greatest impression on me was the New York Athletic Club, mentioned by Rem Koolhaas in his book *Delirious New York*. All the craziness of Manhattan with its culture of congestion was concentrated in this skyscraper that superimposes all kinds of sports facilities with housing. It remains the best example of social diversity produced by a concentration of different activities on a limited site. A tower for the future?

ON   The other benefit of towers is the view, an aspect that could be forgotten after considerations of symbolism, economy and technology. You must have memories of cities seen from towers?

JLC   And not just from towers! Churches strike me as the first buildings that act as urban landmark and observation point. From the top of the Duomo, the visitor discovers Florence. Fascination is at work, elevated viewpoints always catch the eye.

Trinity is only 150 metres high. It is a small tower, but its front-row position on the 'esplanade' of La Défense affords it special views, particularly as staged by the panoramic elevators, from which the landscape changes as the elevator cabin rises, as well as from the east and west terraces, and of course the rooftop. When we take visitors around, they are captivated by the view and discover La Défense from a whole new angle, with viewpoints shifted relative to the historic axis.

NM   It's nothing new, but when I go to a city I don't know, I always immediately look for an elevated point to go up to in order to be able to understand the urban structure seen from above. The physiognomy of space changes as you go up. From the upper terrace of Trinity, I am always amazed by the view of the neighbouring towers, which appear truncated, as if only their tops were left.

ON   This particular view is reminiscent of the Beistegui apartment that Le Corbusier built on the roof of

NM C'est banal, mais quand je vais dans une ville que je ne connais pas, je cherche toujours en premier un point haut pour y monter et pour comprendre la structure urbaine vue du ciel. La physionomie de l'espace change avec les niveaux. Depuis la dernière terrasse de Trinity, je m'étonne toujours du point de vue sur les tours voisines, que l'on perçoit tronquées comme s'il n'en restait que le sommet.

ON Cette vue particulière rappelle l'appartement Beistegui que Le Corbusier avait fait sur les toits d'un immeuble des Champs-Élysées. Depuis la toiture-terrasse de ce projet, l'Arc de Triomphe apparaissait comme une sorte d'équivalent de cheminée. Changer le regard, redonner la vue, c'est une mission presque miraculeuse.

JLC Il y a en tout cas l'envie de la partager. Nous avons volontairement placé les espaces communs (business center, auditorium, fitness) dans les étages supérieurs, plutôt qu'au pied du bâtiment, comme cela se pratique généralement. La vue en hauteur profite ainsi à l'ensemble des usagers.

ON La vue est partagée entre tous les usagers de la tour, c'est un progrès réel. Le vrai progrès serait de donner la vue à tout le monde.

JLC C'est sur le partage de la vue que se joue l'avenir de ces objets très prégnants dans les villes, qui ne seront acceptés que s'ils s'ouvrent à tous. C'est la prochaine étape, le sujet sur lequel on réfléchit à présent, qui va de pair avec la mixité d'usage.

NM J'ai travaillé sur la conception du Shard à Londres lors de mes années chez Renzo Piano. Dans cette tour, différents usages existent mais sont simplement empilés dans un volume dont la forme pyramidale permet d'accueillir des plateaux de taille décroissante allant des bureaux dans la partie basse aux appartements dans la partie supérieure en passant par un hôtel et des parties publiques. Cependant, il n'y a pas grand-chose de partagé hormis un ascenseur pompiers et quelques équipements techniques. L'employé de bureau passe par sa propre entrée, l'habitant également, etc. À l'époque, utilisateurs et maître d'ouvrage désiraient une séparation nette des fonctions. L'intérêt de la mixité, c'est aussi de mutualiser les services, de pouvoir être reçu au bureau comme dans un hôtel, de disposer avec son logement d'une réception, de salles de sport, etc. Le partage des usages et des services, voire la mutation des fonctions qui doivent pouvoir être fusionnées et réversibles, nous semblent des sujets fondamentaux pour l'avenir des tours.

JLC Le seul regret que j'aurais à propos de Trinity, c'est son unicité d'usage. Il faut comprendre qu'il y a dix ans, personne ne menait de réflexion sur ce sujet. Mais tout change : les promoteurs suivent la demande, et la demande évolue. Aujourd'hui, le monde du travail accueille la génération Y, en demande de programmes plus entremêlés. Je suis convaincu que cette thématique de mixité au cœur de notre prochain projet répond aux demandes de demain. Réunir un hôtel, des services, un rooftop, c'est s'adresser à toutes les générations. La mixité des programmes mélange les populations et les générations, ce qui est intéressant pour le quartier. Les maîtrises d'ouvrage qui poussent ces projets sont très ambitieuses. Sur notre projet Miroirs en cours d'études à La Défense, nous doublons la mixité fonctionnelle par une pluralité architecturale puisque nous développons à trois, avec CroMe Studio et Studio Gang, un bouquet de verticalités.

ON Comment organisez-vous l'ouverture de ce nouveau projet de tour ? Avec quelle ampleur ?

---

a building on the Champs Elysées. From its roof terrace, the Arc de Triomphe looked more like a sort of fireplace. Providing a new way of looking, giving new vision, is an almost miraculous task.

JLC There is certainly a desire to share. We voluntarily positioned the common spaces (Business Centre, Auditorium, Fitness Centre) on the upper floors rather than at the foot of the building, as is usually done. Consequently, the views from the top can be enjoyed by all the tower's users.

ON Sharing the view between all the users of the tower is a step forward. But real progress would be to give the view to everybody.

JLC The future of these very present objects in the city lies in sharing their view, they will not be tolerated if they are not open to all. It is the next step, the question that we are currently looking at, and goes hand in hand with mixed-use.

NM During my years with Renzo Piano I worked on the conceptual design of the Shard in London. With this tower, different uses co-exist, but are simply stacked within a volume whose pyramid form makes it possible to incorporate floorplates of decreasing size, going from offices in the lower levels, to apartments at the top, with a hotel and public areas in between. However, not much is actually shared other than the fireman's elevator and some of the technical plant. Office workers use their own entrance, as do residents, and so forth. At the time, the users and the client wanted a clear separation between the different functions. The benefits of mixed-use are quite the opposite, in being able to share services, of being welcomed at an office like in a hotel, for residents to have the use of a reception, of sports facilities and so forth. The sharing of uses and services, the pooling of functions that need to be able to be combined and reversed, strike us as fundamental subjects for the future of towers.

JLC My only regret with Trinity is its single use. It's important to remember that 10 years ago nobody was thinking about mixed-use. Today, the workplace houses the Y generation, calling for more interwoven programmes. I am convinced that this theme of mixed-use at the heart of our next project answers tomorrow's needs. Uniting a hotel, services, a rooftop terrace, is addressing the demands of all generations. Mixing uses also mixes populations and generations, which is beneficial for the neighbourhood. The clients behind these projects are very ambitious. In the Miroirs project that we are currently designing in La Défense, we combine functional diversity with architectural plurality, as we are working as a trio – with CroMe Studio and Studio Gang – to design a bouquet of verticalities.

ON How are you opening up this new tower project? To what extent?

JLC The diversity of the programmes allows us to make a public space on the roof that is on three levels and of a surface area equivalent to the public square created on the ground. It is accessed by shuttle elevators that run straight up to the rooftop terrace with bars, cafés and a garden open to all. We organize the different uses in strata. Historically, developments combining hotels and offices distribute the functions between neighbouring buildings. We opted for the opposite, with a vertical distribution within a single building, choosing to position the hotel in the section with the views, above a group of offices, with a rooftop terrace to crown it all. This vertical superimposition is a complex exercise, it implies finding a compatibility between the very different regulations specific to each type of use.

ON The Miroirs project deals with diversity, but also with changes of use. How do you incorporate this new subject into a high-rise building?

NM Adaptability and reversibility anticipate the possible conversions of a building over a period of around

JLC La diversité des programmes nous permet de concevoir sur le toit un espace public sur trois niveaux, et de surface équivalente à la place publique créée au niveau du sol. Il est desservi par des shuttles, conduisant directement aux terrasses avec des bars, des cafés et un jardin ouverts à tous. Nous structurons la mixité par strates. Historiquement, on voit que les programmes mélangeant hôtels et bureaux répartissent les fonctions dans des bâtiments côte à côte. Nous avons à l'inverse opté pour une répartition verticale dans un seul immeuble, et choisi de positionner l'hôtel dans les parties disposant de la vue, au-dessus d'un ensemble de bureaux, le tout coiffé d'un rooftop. Cette superposition verticale est un exercice complexe, il implique de rendre compatibles des réglementations très différentes, car spécifiques à chaque programme.

ON Le projet Miroirs se confronte à la mixité, mais aussi à la mutation des usages. Comment intégrez-vous ce nouveau sujet dans un IGH ?

NM L'évolutivité et la réversibilité anticipent la mutation des bâtiments à l'horizon d'une trentaine d'années. Une des trois tours du projet, celle conçue par mon agence CroMe Studio, doit être mutable presque instantanément, et pouvoir passer de coliving à coworking sans délai. La surface au sol étant réduite, nous avons imaginé des plateaux fonctionnant en duplex, chaque unité de deux niveaux pouvant servir de lieu de travail ou de lieu d'habitation par des opérateurs différents. L'astuce, c'est de se baser dès le départ sur la réglementation la plus contraignante, que ce soit au niveau incendie, code du travail, acoustique etc. Le coût de la construction est légèrement plus élevé que dans un bâtiment monofonctionnel, mais nos maîtres d'ouvrage l'assument, car ils sont également convaincus que de faire muter leurs immeubles sans avoir à démolir apporte une réelle solution de durabilité. Cela s'accompagne d'une réflexion sur les différentes manières d'habiter. Les services sont identiques que l'on soit là pour travailler ou vivre, que ce soit de façon permanente ou ponctuelle. L'usager demande un service d'accueil, de restauration, de nettoyage, d'un ensemble de prestations très prisées des nouvelles générations. Cette offre croise la question des lieux de rencontres. Chacun choisit le moment où il va sortir de sa sphère privative pour aller vers les autres, ou se retirer pour se concentrer sur son travail. Ce n'est pas un phénomène propre aux tours mais je pense qu'il est plus marqué dans les IGH qui peuvent proposer toutes les fonctions dans une même enveloppe.

ON Du point de vue de l'habitabilité justement, les tours ont longtemps été des ensembles clos, fonctionnant dans une lumière et une atmosphère régulée artificiellement – un air exact, aurait dit Le Corbusier. Pensez-vous qu'il soit possible de les ouvrir vers des extérieurs, soumis à des problématiques de vent, par exemple ?

JLC L'accès à l'extérieur pour ce type d'immeuble devient à nos yeux un standard, les offres se doivent d'être diversifiées, avec des balcons, terrasses, jardins, ainsi que des surfaces et des expositions variées, repartis tout au long de la verticalité. En complément, les fenêtres ouvrantes permettent une relation personnelle à l'environnement, notamment avec un accès sensoriel à l'ambiance du monde extérieur.
Le vent est une donnée environnementale importante pour ce type d'ouvrage qui peut certains jours, comme la pluie, rendre ces espaces plus ou moins accueillants, mais n'est-ce pas cela être dehors ?

NM Le projet Miroirs possède une surface d'espaces extérieurs correspondant au double

30 years. One of the three towers of this project, the one designed by my practice, CroMe Studio, needs to be convertible from co-living to co-working almost instantaneously. As the footprint is limited, we imagined floorplates that function as double-level units that could be used as workspaces or living spaces for different management entities. The trick is to work from the very start according to the most restrictive regulations, whether for fire, working environment, acoustics, etc. The building costs are slightly higher than for a single-use building, but our clients are ready to accept this because they too are convinced that being able to change the use of their buildings without having to demolish everything constitutes a real response to sustainability. This has to be accompanied by a real reflection on the different ways of inhabiting the building. The services are identical whether you're living or working there, whether permanently or occasionally. The user requires a reception service, catering, cleaning, a collection of services that are highly valued by the younger generations. This touches on the question of places for gathering. Each person chooses when to come out of their private sphere to meet other people, or to retreat to focus on their work. This phenomenon is not specific to towers, but I think that it's more obvious in high-rise buildings, which are able to provide all functions within a single envelope.

ON Regarding this habitability, towers have long been enclosed spaces, functioning beneath artificially regulated light and atmosphere – "exact air", as Le Corbusier would have said. Do you think it's possible to open them to the outside, with issues such as wind, for example?

JLC We believe that access to the exterior should become standard for this type of building, with a variety of options: balconies, terraces and gardens, as well as a variety of sizes and orientations.
As an extra, opening windows allow for a personal relationship with the external environment, enabling a sensorial connection with the outside world.
Wind is an important environmental factor for this kind of project and can, just like rain, render these spaces more or less hospitable on certain days, but isn't that the nature of being outside?

NM The Miroirs project has a surface area of external spaces that is double the area of its footprint. These days, people no longer want to be shut into sealed spaces. The relationship with the outside is important to different sensory aspects: the view, the sounds that you hear, the air that you feel. I don't think that the wind always prevents you from going outside. The wind conditions aren't the same everywhere, and on the tower that we're designing with Jeanne Gang, all the balconies have been sculpted to break the wind or to protect from it. Modern simulation tools make it possible to manage the most critical points of high-rise buildings and to ensure that the spaces we design will be useable for much of the time and won't generate acoustic discomfort due to wind-flow.

ON Do you consider towers to be compatible with environmental issues? Do they have a future?

JLC They have a future, even if raising materials up 200 metres above the ground uses a lot of energy. Estimating the environmental impact of a tower is difficult. It changes according to the parameters considered, or the subject evaluated, even more relevant if land use is taken into account. The complementarity of the programs also contributes to the environmental issue. Engineers manage increasingly complex environmental criteria, accompanying us on questions of certification. For our part, we advocate the use of common sense as well as technology. We are convinced that we must reduce peaks in consumption and usage as much as possible, and

de la surface qu'il occupe au sol. Aujourd'hui, on ne peut plus être enfermé dans des espaces étanches. La relation à l'extérieur est importante sur différents aspects sensoriels : c'est la vue, le bruit que l'on entend, l'air que l'on ressent. Je ne crois pas que le vent empêche d'aller dehors. Les conditions de vent ne sont pas les mêmes partout, et sur la tour que l'on dessine avec Jeanne Gang tous les balcons ont été sculptés pour casser l'effet du vent et s'en protéger. Les outils de simulation contemporains permettent de repérer et gérer les points les plus critiques des immeubles de grande hauteur, et de s'assurer que les espaces que l'on conçoit seront utilisables une grande partie du temps et ne vont pas générer des nuisances sonores liés à l'aéraulique.

ON La tour vous paraît-elle compatible avec les questions environnementales ? A-t-elle encore un futur ?

JLC Elle garde un avenir, même si élever de la matière à 200 mètres au-dessus du sol reste énergivore. L'estimation de l'impact environnemental de la tour est difficile. Il change selon le périmètre considéré, d'autant plus pertinent si l'on prend en compte la consommation du territoire. Si l'on ajoute la complémentarité des programmes, la synergie et la mutualisation participent à cette question. Nos ingénieurs maîtrisant des critères environnementaux de plus en plus complexes nous accompagnent sur les questions de labélisation. Pour notre part, nous prônons une approche du bon sens en parallèle à la technologie. Nous sommes convaincus qu'il faut écrêter au maximum les pics de consommation et d'usage, pour ne plus dimensionner la technique aux cas extrêmes. Nous explorons ces notions confortées ensuite par le calcul.

NM Un des premiers facteurs environnementaux, c'est l'implantation. Placer une tour au droit d'un hub de transports en commun limite le recours à la voiture. L'avenir est probablement à la dissémination. Je ne crois pas que l'on concevra encore de nouveaux clusters de tours aussi grands que La Défense ou Beaugrenelle. Demain, les tours seront plutôt construites sur certains pôles en périphérie des centres-villes ou au-dessus des gares. On parle beaucoup de la ville du quart d'heure, qui propose l'ensemble des services à moins de quinze minutes de marche. Mais dans une tour, on a tout à une distance de trois minutes, dès lors que l'on se déplace à la verticale plutôt qu'à l'horizontale.

ON À quand remonte votre intérêt pour la mixité ?

NM Pour ma part, je l'ai approchée sur le projet du Shard, mentionnée plus haut. Elle disposait à son sommet d'un belvédère ouvert au public. La mixité est vraiment notre axe de travail. Elle sera effective quand on ne pourra plus distinguer une tour de logements d'une tour de bureaux.

JLC Nous avons découvert la mixité avec le Cnit, qui reste un ensemble sans véritable équivalent. Le Cnit c'est 150 000 m² d'usages mixtes à l'horizontale, une surface comparable à celle de notre projet Miroirs, organisé lui à la verticale.
À l'époque de sa restructuration, le Cnit était qualifié de « place du village ». Sur Miroirs, on retrouve cette notion de lieu de rencontre et de vie locale, à laquelle s'ajoute l'ambition d'en faire également un lieu de destination plus large, qui pourra emmener un nouveau public à La Défense et ainsi participer à l'attractivité du Grand Paris.

no longer calculate the technics according to extreme cases. We explore these ideas, which are then reinforced by calculations.

NM One of the primary environmental factors is location. Positioning a tower directly above a public transport hub reduces car use. The future probably lies in dissemination. I don't think that we will ever again design new clusters of towers as large as La Défense or Beaugrenelle. In the future, towers will instead be built at points around the edges of city centres or above stations. There is a lot of talk about the 15-minute city, whereby all services are accessible on foot in under 15 minutes. But in a tower, you can have everything in less than 3 minutes once you move vertically instead of horizontally.

ON Where did your interest in mixed-use begin?

NM For my part, I came into contact with it on the Shard project, as mentioned earlier. It has a public viewing platform at the top. Diversity is really the aim in our work. It will have succeeded when you can no longer distinguish a residential tower from an office tower.

JLC We encountered diversity with the Cnit, which remains a development without any real equivalent. The Cnit is 150,000m² of horizontal mixed use, an area comparable to our Miroirs project, which is organised vertically.
At the time of its rehabilitation, the Cnit was described as a 'village square'. With Miroirs, we again find this idea of a place for meeting and local life, to which is added the ambition of creating a broader destination, which could bring a new public to La Défense and thereby add to the attractiveness of Greater Paris.

Remerciements

Parce que Trinity est une œuvre collective, cela valait bien un livre.
Que de chemin parcouru, fruit d'une multitude de rencontres entre des individus, pour imaginer, mettre au point, construire et réaliser un projet commun. Quelle fierté partagée.
Merci à tous ceux qui ont permis à cette tour d'exister. La liste est longue et, même si elle n'est pas exhaustive, chacun s'y reconnaîtra.
Merci à Unibail de nous avoir fait confiance pour imaginer cet objet hors sol et vivre dix années d'échanges passionnés et enrichissants tout au long de cette belle histoire.
Merci aux pouvoirs publics, à l'aménageur Paris La Défense et aux communes de Courbevoie et de Puteaux, qui ont largement contribué à son existence.
Merci à nos partenaires cotraitants, sous-traitants, pour avoir formé une sacrée équipe.
Merci à l'entreprise qui, sur la base de dessins, a hissé la matière, combattu la gravité et bravé les conditions météorologiques.
Merci à l'équipe Cro&Co et à ses principaux acteurs avec Francesca, Federica, Daniel et David qui ont porté la qualité architecturale jusqu'au bout du chantier, merci à Benjamin et Nicolas pour avoir tricoté sur les premières esquisses.
Merci à tous les autres qui, pendant cette décennie, ont contribué au projet.

Parce que fabriquer un livre est une autre sorte de challenge, merci à Thomas notre éditeur, à Chloé pour la coordination, à Julie et Thibaut pour la maquette, à Luc et Gaston pour les photos, à Ariane et à Olivier pour les textes, sans oublier Elisabeth qui, en interne, s'est totalement investie dans cet ouvrage.

Parce que la vie est faite de rencontres, d'opportunités, un jour Trinity s'est dressée sur mon parcours. Merci à tous ceux qui me l'ont permis.
Merci à Nayla pour son soutien indéfectible.

Jean-Luc

Acknowledgments

Because Trinity is a collective work, it merited a book.
What a journey, the fruit of a multitude of encounters between individuals, to design, finalise, build and create a shared project. Such shared pride!
Thanks go to all those who made this tower happen. The list is long and, even if it not exhaustive, you know you are there.
Thanks to Unibail for entrusting to us the design of this hydroponic object and the ten years of enthusiastic and enriching exchange throughout this wonderful adventure. Thanks to the public authorities, development agency and local councils whose contributions play a very large role in its existence.
Thanks to all our consultants for making a hell of a team.
Thanks to the contractor who, based on drawings, hoisted material, defied gravity and braved meteorological conditions.
Thanks to the Cro&Co team and to its main players, with Francesca, Federica, Daniel and David, who drove the architectural quality right toxthe completion of the site, thanks to Benjamin and Nicolas for his participation in the very first sketches.
Thanks to all the others who, over this decade, have contributed to the project.

Because making a book is a different kind of challenge, thanks to Thomas, our editor, to Chloé for the coordination, to Julie and Thibaut for the design and Gaston for the photos, to Ariane and Olivier for the texts, without forgetting Elisabeth who, in-house, threw herself into this project.

Because life is made of encounters, of opportunities, one day Trinity appeared in my path. Thanks to all those who made it possible for me.
Thanks to Nayla for her indefatigable support.

Jean-Luc

Conception éditoriale
Jean-Luc Crochon,
Nayla Mecattaf,
Elisabeth Bieber,
Cro&Co Architecture
Chloé Habig, Metropolis

Ligne éditoriale et textes
Olivier Namias

Préface
Ariane Dienstag

Design graphique
Thibaut Robin
Julie Rousset

Photographies
© Luc Boegly

Couverture et p. 28, 36, 44,
50, 70, 72, 83, 86, 87, 90-91,
92, 96, 102, 122-123
© Laurent Zylberman
p. 12
© Ph.Guignard, Air images
p. 40, 58
© Jean-Luc Crochon
p. 108
© Nicolas Sisto
p. 134-135, 137, 141
© Gaston François Bergeret

Dessins et plans
© Cro&Co Architecture

p. 14
© Bureau Bas Smets
p. 20, images I et J
© Setec tpi
p. 24, images M et N
© Bureau Bas Smets
p. 116
Façade double peau Sud
Façade avec filtre Ouest
© Arcora

Traduction anglaise
Annabel Gray

Photogravure
Point 11

Papier
Munken Lynx smooth

Typographie
Unica 77 LL

Achevé d'imprimé sur
les presses de l'imprimerie
Graphius à Beersel
(Belgique).

Éditeur
Park Books
Niederdorfstrasse 54
8001 Zurich
Suisse

La maison d'édition Park
Books bénéficie d'un
soutien structurel de l'Office
fédéral de la culture pour les
années 2021-2024.

©2021
Cro&Co Architecture, Paris
Metropolis, Paris
Park Books AG, Zürich

Tous droits réservés.
La reproduction, traduction
ou adaptation totale
ou partielle de cet ouvrage,
sous quelque forme
que ce soit et par quelque
procédé que ce soit,
est strictement interdite
sans l'autorisation expresse
préalable de l'éditeur.

Editorial conception
Jean-Luc Crochon,
Nayla Mecattaf,
Elisabeth Bieber,
Cro&Co Architecture
Chloé Habig, Metropolis

Editorial line and texts
Olivier Namias

Editorial
Ariane Dienstag

Graphic design
Thibaut Robin
Julie Rousset

Photographs
© Luc Boegly

Cover and p. 28, 36, 44, 50,
70, 72, 83, 86, 87, 90-91, 92,
96, 102, 122-123
© Laurent Zylberman
p. 12
© Ph.Guignard, Air images
p. 40, 58
© Jean-Luc Crochon
p. 108
© Nicolas Sisto
p. 134-135, 137, 141
© Gaston François Bergeret

Plans
© Cro&Co Architecture

p. 14
© Bureau Bas Smets
p. 20, images I and J
© Setec tpi
p. 24, images M and N
© Bureau Bas Smets
p. 116
Façade double peau Sud
Façade avec filtre Ouest
© Arcora

English translation
Annabel Gray

Color separation
Point 11

Papers
Munken Lynx smooth

Typeface
Unica 77 LL

Printed by Graphius
in Beersel (Belgium).

Publisher
Park Books
Niederdorfstrasse 54
8001 Zurich
Switzerland

Park Books is being
supported by the
Federal Office of Culture
with a general subsidy
for the years 2021–2024.

©2021
Cro&Co Architecture
Metropolis, Paris
Park Books AG, Zürich

All rights reserved.
No part of this publication
may be reproduced, stored
in a retrieval system
or transmitted in any form
or by any means, electronic,
mechanical, photocopying,
recording, or otherwise,
without the prior written
consent of the publisher.

ISBN 978-3-03860-270-5